九州・沖縄の日刊地域紙

宮下正昭 著
Miyashita Masaaki

南方新社

はじめに―身近な情報、住民とともに―

日本の新聞・一般紙は、全国紙、地方紙、地域紙の大きく三つに分けることができる。ネット時代、新聞の部数は日々減っているが、それでも全国紙の場合、『読売新聞』が六百九十万、『朝日新聞』が四百四十万、『毎日新聞』百九十万、『日本経済新聞』百七十万、『産経新聞』百万（いずれも二〇二二年一月、日本ABC協会公表分）と百万ケタを誇っている。地方紙は、複数の県を販売エリアにする「ブロック紙」と呼ばれる新聞もあるが、大半は各都道府県に一紙で「県紙」と呼ばれる。部数は三十万から十万ほどで、それぞれの県では全国紙を圧倒するシェアを占めており、地元では大きな影響力をもっている。地域紙はその県のなかの特定の市郡をエリアにする新聞を指す。

地域紙の部数を紹介する前に、その形態をみてみよう。さまざまだ。県紙のように通信社から配信を受けて、海外・国政ニュースや中央のスポーツ・芸能ニュースなどとともに地域の身近なニュースを報じる比較的大きな会社から、地域のニュースに特化した個人経営的な新聞社まで幅広い。発行は旬刊、週刊、日刊でも夕刊か朝刊に分かれる。その日刊のページ数は全国紙（三十ページ前後）、県紙（二十ページ前後）より一回り少なく十ページ台から表裏の二ページまで差がある。月額の購読料金は全国紙（朝刊のみ）、県紙の三千円台に比べ安く、二千円前半から千円台が一般的だ。

部数も幅広い。第三者を介した形の部数になる日本ABC協会に加盟する地域紙は三紙だけ（二〇二二年一月現在）で、『デーリー東北』（青森県八戸市）が九万部、『十勝毎日新聞』（北海道帯広市　夕刊）が七万部、『紀伊民報』（和歌山県田辺市　夕刊）三万部だ。あとは自社公称だが、面積の広い北海道に五万部前後の地域紙が『十勝毎日』以外に『室蘭民報』（室蘭市）、『釧路新聞』（釧路市）、『苫小牧民報』（苫小牧市　夕刊）がある。東北地方にも『デーリー東北』以外に『陸奥新報』（青森県弘前市）、『岩手日日新聞』（岩手県一関市）、さらに長野県には『長野日報』（長野県諏訪市）、『市民タイムス』（長野県松本市）が自社公称五万部以上ある。このほか、『東愛知新聞』（愛知県豊橋市）、『宇部日報』（山口県宇部市　夕刊）が四万部あるようだ。多くは一万部から二万部台で、千部台の地域紙も少なくない。

では、地域紙は全国で何社あるのだろうか。日本新聞協会に加盟する地域紙は二〇二二（令和四年）四月現在、二十二社数えることができる。これは地域紙の一部だ。『島根日日新聞』（島根県出雲市）の前社主・菊地幸介さんが設立した日本地域新聞図書館（二〇二〇年閉鎖）発行の『日本地域新聞ガイド　2018‐2019年版』には、月刊、旬刊、週刊発行も含めて二百三十四の地域紙が一覧できる。そのうち情報を寄せた百一紙の概要が掲載されている。その概要から週五日以上発行する日刊（朝刊か夕刊）の地域紙は七十紙ほど確認できた。ただ、うち少なくとも三紙は廃刊・休刊している。菊地さんは「地域紙はネット、スマホの出現で急速に減ってしまっている」と話す。現在は、日刊だけだったら七十紙前後か。それぐらいと言ってもいいのかもしれない。

地域紙のなかには明治時代に創刊され、現在も発行しているところがわずかにあるが（詳しくは『島原新聞』の項に）、大半は戦後だ。その立地条件を考えると、北海道のように広かったり、東北地方や新潟県、長野県のように風雪が厳しかったり、地形が険しかったりするところが多い。あと海で隔たれた離島だ。インターネットで読めるニュースとは違い、日本の紙の新聞は宅配だ。その地方で圧倒的な部数を誇る県紙の本社がある県都からの配送に時間がかかる、道路事情の悪かった地域に地域紙が生まれている面がある。さらに県都ほどではないが一定の人口があり、県都とは違った歴史を持ち、文化が育った地域という特性もありそうだ。中央集権化されていない時間、空間をもつ地域社会に生まれ育ったのが地域紙で、その地域社会に身近な情報を伝え、地域の課題を一緒に考えることで生き残ってきたと言えるのかもしれない。

時間、空間を簡単に超えられるネット時代の今も紙の発行を続ける地域紙のうち、九州・沖縄の日刊紙十二社の今を探ってみた。特定の地域紙ではなく、当該地域すべての日刊紙の現状を一覧できる資料的価値はあると自負している。本文中、特にことわりがない場合、数字などのデータは各社を訪問し、取材した二〇二二（令和四）年二—三月現在の状況だ。ページをめくり、地域に存在する小さな新聞社の様子をのぞいてもらいたい。

目次

はじめに　身近な情報、住民とともに　3

第一章　『島原新聞』（長崎県島原市中町）
「大変」時の地元まとめる　創刊百二十年余、培われた信頼　13
「法令ジャーナリズム」のきっかけに？　15
島原の復興、防災を報じる　16
『島原半島史』出版に尽力　18
ケーブルＴＶ、コミュニティーＦＭとともに？　21

第二章　『有明新報』（福岡県大牟田市有明町一丁目）
県境挟む旧炭鉱の町結ぶ　二版紙面で広がり図る　26
福岡県と熊本県をまたぐ地域紙　26
「有明筑後版」と「大牟田荒尾版」　29
毎日掲載「こちら１１０番」　31
地域紙ゆえ？苦い体験　33
紙面の将来みつめる　35

第三章　『今日新聞』（大分県別府市野口元町）
「愛郷一貫」そして愛国　世界、国政見据えた地域報道　38
岩屋毅代議士祖父から社名　40
別府市長リコール運動主導　41
コラム「いいたい砲台」　43
国際ニュースから身近な交通事故まで　44
「将来は他業種参入も」　46
第四章　『夕刊デイリー』（宮崎県延岡市大貫町二丁目）
宮崎県北に圧倒的存在感　社員株で自由な言論維持　49
創刊を旭化成労組が支援　51
土呂久鉱害を告発　53
「南は夜明け、北は夕暮れ」返上へ　56
多彩な地域貢献事業　58
HPに一日十本前後アップ　60
第五章　『日刊人吉新聞』（熊本県人吉市西間下町）

八万人暮らす盆地の情報源　「明日の郷土のたたき台に」　64
地域紙乱立を制す　67
タブロイド判、地ダネで八ページ　70
『朝日新聞』と連携　73
子育て、経済関連記事に活路　75

第六章　『南九州新聞』（鹿児島県鹿屋市上谷町）
大隅文化に誇りを　「地域人として独立した言論」　78
在野の精神、存分に　80
まちづくりを提言　81
新聞発行に向き合う〝新人〟　82
「大隅から神武天皇、東征」　84

第七章　『南海日日新聞』（鹿児島県奄美市名瀬長浜町）
自然遺産のシマから世界へ　奄美の歴史、社会紡いで７６年　88
奄美大島では圧倒的な部数　90
戦時体制に呑まれる奄美の新聞　91
本土復帰運動を牽引　94

ライバル紙の消長みつめる　98
暮らしの振興と自然・文化保全　102
多様な人材で次の時代へ　105
ネット時代の奄美の新聞　109

第八章　『奄美新聞』（鹿児島県奄美市名瀬港町）

ライバル紙として生き残る　「地域の声を拾い集める」　111
『南海』に水をあけられる部数　113
創刊日、不明のまま　114
存亡の危機からリニューアル　117
相次ぐオーナー、社長の交代　119
紙面より早くＨＰにアップ　122
異動ない支局長の存在意義　124

第九章　『宮古毎日新聞』（沖縄県宮古島市平良西里）

島初の日刊紙、歴史刻む　「政治的公平」で部数拡大　128
五〇％超える世帯占有率　130
創業者は地元政治家に　131

実業家手腕で経営立て直し　134
「ワンマン社長」に組合で対抗　138
身近な情報で紙を維持　140

第十章　『宮古新報』（沖縄県宮古島市平良西里）
「『八重山日報』と連携報道を」　県紙対抗の「先島紙」目指す　144
二十日間、社員が自主発行　146
ネット販売へ準備進む　149
別冊で政治的主張も　151

第十一章　『八重山毎日新聞』（沖縄県石垣市登野城）
「視野は世界　視点は郷土」　国境地域のリベラル紙　154
四〇％強のシェア　154
八重山初の日刊紙誕生　157
八重山の社会、描き出す　159
揺れた新石垣空港問題　162
死亡広告に孫夫妻、ひ孫も列記　167
保守化する地域と向き合う　169

第十二章　『八重山日報』（沖縄県石垣市石垣）
国防衛の重要性、説く　国境地域の保守言論紙　175
尖閣の漁船衝突事件が転機　178
八重山教科書問題で注目　181
沖縄本島に二年間進出　182
生き残りをかけた日々　186
九州・沖縄の日刊十二紙一覧表　190
おわりに　地域をもっと見て、訊いて　193

第一章　島原新聞　長崎市島原市中町

「大変」時の地元まとめる
創刊百二十年余、培われた信頼

長崎県島原半島を走る私鉄・島原鉄道に始発駅・諫早から乗って一時間十分、島原駅に着いた。駅前の広場から島原城を望むと、奥に少しだけ雲仙岳の平成新山が見える。二〇二二（令和四）年二月中旬、まだ雪をかぶっていた。一九九一（平成三）年、雲仙岳の一つ、普賢岳の噴火で多くの溶岩ドームが出現した跡に山となり、付けられた名前だ。手前の緑の山は眉山というらしい。同年六月、成長した溶岩ドームの一つが崩落し大火砕流が発生、マスコミ関係者や地元・消防団員など四十三人が犠牲になる。火砕流は眉山に阻まれて南北に流れたことから島原市街地は守られた。街の中心部にある地元紙『島原新聞』も難を逃れたことから、被災状況の報道だけでなく、復興に向けた提言など地元コミュニティーのまとめ役となる。表裏二面だけの新聞だが、一八九九（明治三十二）年創刊という歴史とともに地元の信頼を積み重ねてきていた。大手メディアとは違う、地元にある地域紙ならではの視点が大災害という地元の有事に存在感を示したと言えるだろう。

当時、頻発した雲仙・普賢岳の火砕流は全国の注目を集めた。新聞、テレビ各社も現地に集ま

島原新聞社

清水聖子社長

島原新聞

V・長崎を応援しよう!
19日には大分と開幕戦

早期通報と初期消火に尽力
森岡、塚野さんに感謝状

金賞に竹田千夏さん
税に関する絵はがきコン

しまばらの江戸文化

永田町ウラ話

宮崎医院からのお知らせ

泉川病院

池田病院

酒井外科胃腸科

木下内科医院

『島原新聞』2022 年 2 月 18 日付

島原新聞

爆発!!平成の『島原大変』

大火砕流駆けくだる
死傷者20・行方不明31

最悪の事態が現実に
鐘ヶ江市長苦悩の会見

大火砕流を報じる 1991 年 6 月 5 日付

り、毎日のように自然の脅威、被災の様子を全国に報じた。普賢岳の麓、島原市北上木場町の小高い場所が記者やカメラマンが陣取る「定点」となっていたが、一九九一（平成三）六月三日夕の火砕流は想像を超える規模で押し寄せ、あっという間にその場にいた人々を呑みこんだ。記者やカメラマンなど報道関係者十六人、記者たちを乗せてきたタクシー運転手四人、住民六人、火山学者三人。それに、避難勧告地域内であったことから警戒に当たっていた警察官二人のほか地元の消防団員十二人も巻き込まれてしまった。避難して留守宅になっていた住宅に報道関係者が無断で入りこみ、電源を借りる騒ぎもあったことも消防団員らの警戒につながっていたとされる。

「法令ジャーナリズム」のきっかけに？

この大惨事は、報道各社に災害取材のありかた、過熱した取材現場の対応など反省を促すきっかけになった。住民のなかにはマスコミに対する批判もくすぶった。その後、インターネットによるＳＮＳの発達で、個々人も意見を発信できるようになると、「マスコミはルールを守れ」という声も高まる。報道各社には「ルール遵守しています」ということを表明することが求められるようになり、一線の記者たちも「まずはルール遵守」という姿勢が浸透していった。その結果、事なかれ主義、サラリーマン記者が増え、「法令ジャーナリズム」と揶揄される事態となった、と危惧する識者も少なくない。

東北大震災で福島第一原子力発電所が爆発。その後、同原発の様子を撮影するテレビ局の映像には、「原発から四十キロ以遠から撮影」などと規制を守っていることを表記するようになった。

旭川医科大学で、コロナ対応で不適切発言をするなど資質が問われた学長の処分を検討する選考会議が二〇二一（令和三年）六月、同大学構内で開かれた際、関係者以外立ち入り禁止とされた会議室の出入り口付近で録音をしていた北海道新聞の新人記者が建造物侵入の疑いで大学職員に現行犯逮捕された事案も考えさせられた。新人記者は先輩記者の指示に従っていたようだが、大学職員に誰何されると返答せず、立ち去ろうとして取り押さえられる。

どうして記者は堂々と身分を明かし、その上で謝罪するという選択をしなかったのだろうか。ただ、ヤフーニュースのコメント欄では、そのようなジャーナリズムの観点からではなく、「ルールを守らない」「法を犯していいのか」「記者だったらいいなんて勘違い」などといった表層的なマスコミ批判が相次いだ。記者はときには事実に迫るために、当局が設けた規制を乗り越えて前に進むことも必要だ。そのことで後に批判されようとも、その覚悟を記者自身は持たなければならない。そして、その記者を支える社も確固とした姿勢を打ち出さないといけない。しかし、現実は「法令ジャーナリズム」の易きに流される。雲仙・普賢岳の大火砕流取材に対する反省自体が真摯にジャーナリズムのありようを考えるところまで至らなかったのかもしれない。

島原の復興、防災を報じる

ジャーナリズムのありようは全国紙、ブロック紙、県紙同様、地域紙にも求められるだろう。しかし、地域紙はその地域との密度の濃さゆえに難しい面もありそうだ。ただ地域を巻き込んだ災害などでは当事者の一員として、住民の意見を集約し、地域の復興や防災について行政に提言できる。『島原新聞』はまさにその役目を果たした。

大火砕流を引き起こした普賢岳は前年の一九九〇（平成二）年十一月に百九十八年ぶりに噴火して住民を驚かす。百九十八年前、江戸時代の一七九二（寛政四）年には火山性地震で眉山が大崩壊し、大容量の土砂が有明海になだれ込み、津波も発生、対岸の熊本県側と合わせ死者が約一万五千人にも上った。国内最大の火山災害とされ、「島原大変肥後迷惑」という言葉を生んだ。その普賢岳の約二百年ぶりの噴火を受け、『島原新聞』は明けて一九九一（平成三）年一月一日付で、「島原大変二百回忌記念事業　島原市仏教会が画期的な取り組み」をトップ記事で取り上げ、「鎮魂と今日的意義　市民各層に問いかける」という見出しも付けた。寛政の惨事をリアルに描いた白石一郎の小説『島原大変』の一節も紹介し、読者に噴火への警戒を呼びかけた。その半年後、大火砕流が発生する。

今度は眉山が島原城下町である市街地を守ってくれ、被災を免れた『島原新聞』は表裏の二面全部を使って被害の実情、避難先の様子などを詳報。大火砕流発生から十五日後の六月十八日付から同二十九日付まで五回にわたって「今こそ将来を見据えて　国・県・市・町―行政関係者に物申す」として、市井の側からの提言を紹介した。地元の呉服店の社長は「被災地の国による買い上げを」、市の商工会議所専務は「激甚災害指定を」、市医師会長は「人の流出食い止め策を」、浄土真宗の住職は「即断即決の政治を」、能楽師は「火災保険を特別立法で」などと訴えた。普賢岳の噴火活動に伴う火砕流、土石流などは九四（平成六）まで続く。『島原新聞』はその都度、ニュースとして報じるほか、住民組織の大同団結に一役買い、復興基金を提言し、国・県に実現させている。地元から国への陳情内容も詳しく掲載した。

『災害都市の研究　島原市と普賢岳』(九州大学出版会)は、「コミュニティ・メディアには、マス・メディアにはないコミュニティ再編に欠かせない機能がある」として、『島原新聞』を評価する。「島原市内の世論形成にとって、この島原新聞の存在は欠かせない」「島原新聞は、市民それぞれに自ら置かれている立場を知らしめる非常に有効なメディアとして機能した。しかもそこには(行政も含め)様々な市民の声が掲載されて、島原という地域の問題が、市民自らの筆によって事あるごとに多角的な視点からリフレクトされている。こうした場の提供が、コミュニティの共同性の確認に非常に役立ったことは間違いない」。地域紙の主なジャーナリズム機能に、問題に直面したコミュニティーの再編があることをうかがえる。その機能は近い将来、部数減が続く紙媒体に代わり、インターネットで賄えるかもしれない。ただ、その具体的な道筋は見えていない。

『島原半島史』出版に尽力

『島原新聞』の歴史は古い。現社長の清水聖子《きよこ》さん(五十七歳　一九六四年九月生)の祖祖父・清水繁三《しげぞう》さんが一八九九(明治三十二)年に『開国新聞』の名前で創刊している。百二十三年前となる。国内の地域紙データを一覧できる貴重な冊子『日本地域新聞ガイド　2018-2019版』(日本地域新聞図書館)で調べると、『島原新聞』より古い地域紙は、一八七九(明治十二)年創刊の『米澤新聞』がある。同ガイドは発行元の日本地域新聞図書館が二〇二〇年に実質閉じて、その後の版が作られてない。筆者が今回確認すると、『米澤新聞』は経営難に陥り二〇二一（令和三）年十月、休刊している。もう一紙、一八九八（明治三十一）年創刊の『奈良日日新聞』も二〇一九（平成三十一）年四月に休刊し、地方紙『奈良新聞』に吸収される形となった。このため同ガイドに掲載されている百一紙では『島原新聞』が最も長い歴史を持つ地域紙と言える。ちなみに明治時代に創刊し、現在も発行が確認できる地域紙は『柏崎日報』（一九〇〇年）、『長野日報』（一九〇一年）、『津山朝日新聞』（一九一〇年）、『宇部日報』（一九一二年）の四紙がある。

創刊百周年を特集した一九九九年八月二十五日付『島原新聞』によると、創始者の清水繁三さんは東京専門学校（早稲田大学の前身）を卒業後、佐賀・伊万里で司法官をしていたが、上司と衝突して退職、島原に帰る。清水家は元々、商家。兄の作次郎さんの下で働くうちに新聞事業を思い立ったらしい。その作次郎さんは『開国新聞』創刊二年後の一九〇一（明治三十四）年、島原女子手芸学校を設立する。同校は後に長崎県立の女子高等学校となり、現在の県立島原高校につながる。『開国新聞』はタブロイド判の二ページで旬刊（月に三回発行）。順調な滑り出しだったのだろうか、繁三さんはその後、福岡県の久留米市に進出し、題号も『筑後新聞』とあらためるが、うまくいかず、経営権を熊本市の『九州日日新聞』（現在の『熊本日日新聞』）に譲渡して、再び、島原に戻る。そして、島原鉄道が諫早から南島原まで全線開通した一九一三（大正二）年、『島原新聞』の名前で新聞事業を再開した。当時、島原には日刊、週刊、旬刊合わせて十三紙が競い合っていたらしい。『島原新聞』は生き残った。一九三九（昭和十四）年、繁三さん死亡後は、息子の治代《はるしろ》さんが二代目となるが、太平洋戦争中の四二（昭和十七）年、政府の一県一紙政策で、長崎県内は長崎市にあった『長崎日日』『長崎民友』と佐世保の『軍港新聞』とともに『長崎日報』に組み入れられてしまった。戦後の四六（昭和二十一）年、治代さんは『新島原』と改題して新聞事業を再開する。五八（昭和三十三）年、『島原新聞』に戻している。

五四（昭和二十九）年には、父・繁三さんの遺志を継いで『島原半島史』の出版実現にこぎ着ける。島原半島の歴史資料を集めた壮大な本で、上・中・下三冊とも、それぞれ一千ページ余にわたる分厚さだ。『島原新聞』創刊百周年記念の記事には、出版で「大赤字を出している」とある。ただ、各本の最終ページに記されているのは、編者が郷土史家の林銑吉さんで、発行は長崎県南高来（みなみたかき）郡市教育会、印刷は日本電報通信社九州支社で、『島原新聞』の名は見つからない。百周年のときの社長（三代目）は、治代さんの次男・強《つよし》さんで既に亡くなっている。『島原半島史』上巻の序文に当時の島原市長・中岡秀蔵さんは「島原新聞社清水社長はこの尊い記録の死蔵されることを惜まれ、百方奔走の結果、その御熱意により漸く発刊されることになった」と書いている。『島原新聞』は出費を伴いながら縁の下から支えたのだろう。治代さんの孫で、強さんの娘になる現社長・聖子さんは詳しい事情は知らず、「大変だったと聞いています」と語った。

『島原半島史』は、普賢岳大火砕流の取材記者たちにも重宝されたという。

『島原新聞』は代々、早稲田大学出身者が経営し、自ら書いてきた。初代の繁三さんは早稲田の前身の東京専門学校卒。二代目の治代さんも早稲田卒。治代さんの長男も早稲田を出て、全国紙の記者となり、代わりに次男で早稲田卒の強さんが三代目社長になる。普賢岳の大火砕流時は娘・聖子の夫で養子の真守《まもる》さんとともに奮闘した。四代目社長はその真守さんで、真守さんも早稲田卒だったらしい。明治維新後、薩長閥に対抗した、早稲田の創設者・大隈重信にあったとされる在野の精神が脈々と受け継がれていたのだろう。『島原新聞』創刊百周年記念号（一九九九年八月二十五日付）には、当時の早稲田大学総長・奥島孝康さんが長文の祝言を寄せた。

一九九〇年代前半の『島原新聞』を見ると、ほぼ毎日、「こちら一一九番」というコーナーが掲載されている。島原消防署の救急車が出動した時間、搬送された住民の住所、氏名、年齢のほか「急に具合がわるくなったため」とか「けがのため」「転院のため」などと出動理由も載せた。同コーナーがいつごろからいつまで続いたか確認していないが、個人情報の扱いが現在ほど厳しくなかった当時とは言え、消防署が個別具体的な情報を提供し、その情報が毎日の紙面で報じられていたところに、『島原新聞』が地域コミュニティーの回覧板的な存在であったこともうかがい知れる。

ケーブルテレビ、コミュニティーFMとともに？

『島原新聞』の四代目社長・清水真守さんは二〇一八（平成三十）年二月、急死する。六十二歳だった。妻の聖子さんが五代目社長となる。聖子さんの長男・多聞《たもん》さんは真守さんが兼職していた第三セクターの「ケーブルテレビジョン島原」とコミュニティーＦＭ「ＦＭしまばら」の社長に就任し、『島原新聞』では次男の真人さん（三十二歳　一九九三年五月生）が取締役で記者を続けている。社員は役員も含めて十三人。うち記者は真人さんら三人で、広告担当は一人だという。

部数は「一応、一万五千部です」と聖子社長。新聞にとって部数は大きな一つの指標だ。部数でそのメディアの影響力が想像でき、広告にも連動する。全国紙や地方紙（県紙）の大半は新聞、雑誌などの部数の公正さを担保する日本ＡＢＣ協会に加盟している。その部数は、協会の公査（二年に一回）以外は基本、それぞれ新聞社が公表する数字に過ぎないが、第三者機関が関与している意味はあるのかもしれない。経営規模も部数もケタ違いに小さい地域紙が協会に加盟するメリットはほぼないだろう。『島原新聞』は一九九二（平成四）年に『朝日新聞』（五月二十七日付）が取り上げたときも「公称一万五千部」だった。全国紙、地方紙の部数が日々と言っていいほど減るなか、地域紙は別の尺度から見る必要はあるのかもしれない。それでも聖子社長に何度か確認してしまった。

先に紹介した『災害都市の研究　島原市と普賢岳』では、普賢岳大火砕流から三年後の一九九四（平成六）年七月、島原市民にコミュニティー分析のアンケート調査を実施している。有効回答者九百八十一人のうち、購読新聞について『島原新聞』と答えた人が二九・七％で最も多かった。三人に一人弱、購読している勘定だ。次いで県紙の『長崎新聞』で二六・五％、さらにブロック紙の『西日本新聞』が一五・五％、全国紙の『毎日新聞』が七・二％、『朝日新聞』五・八％、『読売新聞』三・五％と続いた。当時の島原市の世帯数（一九九五年の国勢調査）は一万六千五百四十七だから、単純にアンケート結果の購読割合でかけると島原市で四千九百部余りという計算になった。

『島原新聞』の配達エリアは、島原市のほか南島原市、雲仙市で島原半島全体。ほぼ通常の新聞と同じ大きさ、ブランケット判の表裏二ページの朝刊だが、刷り出しは午後五時前後と早い。

このため島原市街地などには夕刊のようにその日のうちに配達されるという。配達要員は十数人雇っている。島原市の郊外と南島原市、雲仙市には、県紙などの十八店舗ほどの販売店に配送。同販売店が翌朝、県紙などを戸別配達する際に『島原新聞』も配ってもらう仕組みにしているらしい。月曜付と祭日の翌日付は休刊。購読料は月千三百円（税込み）で、県内外への郵送は二千五百円（同）だ。

カラー印刷はしない。紙面のニュースはすべて地ダネだが、一面下には「永田町ウラ話」という政治家の似顔絵イラスト付きのコーナーがある。内外メディア通信社（神奈川県横浜市）がプロ野球の裏話などとともに格安で配信しており、九州の地域紙では『有明新報』（福岡県大牟田市）、『今日新聞』（大分県別府市）、『奄美新聞』（鹿児島県奄美市）も活用している。『島原新聞』は二〇一一年から掲載している。記者が減って一面全部を埋めるのが難しくなったためらしい。一面にはこのほか島原市役所の告知コーナーも随時、設けている。市議会開会時、島原市議会の一般質問は詳報を出すという。二面には話題もののニュースのほか文芸欄や随筆欄、さらにケーブルテレビジョン島原の自社制作チャンネルの番組表も毎日掲載している。いわゆるテレビの番組欄はない。新聞を購読する理由に「テレビ欄があるから」というのはかつて多かったが、いまも年配者などにはそのニーズがあるとも言われる。『島原新聞』の購読者には番組欄がある地方紙などとの併読者も少なくないのかもしれない。地元のスポーツ大会など各種イベントなどの紹介も含め、地元のニュースを求める読者がいる。社説はない。三代目社長の強さん、四代目の真守さんはコラムを書いていたらしい。

ＨＰ（ホームページ）は見やすいサイトとなっているが、ニュースの更新はほとんどされていない。この執筆現在（二〇二二年七月）、ＨＰにあるニュースは二〇二一年十月分までだ。アップされている記事も紙面より文量をかなり簡略している。ＨＰ制作、更新は清水聖子社長の長男・多聞さんが経営する「ケーブルテレビジョン島原」に依頼しているらしく、聖子社長らはニュースが更新されていないことを気づいていず、ＨＰにはあまり関心をもっていないようだった。株式会社（資本金一千万円）だが、売り上げは示してもらえなかった。

ネット時代。紙の購読者の高齢化。『島原新聞』の将来について、聖子社長は「ここまで続いているので、とは思っているのですが」と思案気。次男で、取締役で記者でもある真人さんは、「将来は紙ではなくても、という思いはある」という。しかし、「今は高齢者を中心に紙でないと読まないという読者が多い」現実。「うちはケーブルテレビとコミュニティーＦＭを関連会社で持っています。連携して、そこを生かせるようなことができれば」と語った。

「ケーブルテレビジョン島原」は一九九一（平成三）年五月に開局し、翌六月に普賢岳の大火砕流が起こる。その後も活発な火山活動が続くなか、同ケーブルテレビは、島原市と自衛隊が設置した三カ所の監視カメラの映像を二十四時間放送する。地上波と衛星放送など当時三十三チャンネル放送するなかの三チャンネルを防災チャンネルにしたことから注目された。五年後、島原市などの出資を受け第三セクターになる。インターネットのプロバイダー事業も営んでいる。コミュニティーＦＭの「ＦＭしまばら」は、「ケーブルテレビジョン島原」を母体に地元経済界も出資して二〇〇七（平成十九）年十一月、開局する。基本、出力二十Ｗまでが限度のコミュニティーＦＭは一自治体に一ＦＭが原則だが、「ＦＭしまばら」は一六（平成二十八）年六月、隣接する南島原市に出力二十Ｗの中継局設置が認められた。当時の総務省の報道資料には、「（島原市と南島原市は）経済的、文化的、行政的に住民のコミュニティとしての一体性が認められる」とあった。雲仙市にも一部、電波は届くようだ。ただ南島原市には翌一七（平成二十九）年四月、別のコミュニティーＦＭ「ＦＭひまわり」も開局が認められ、一自治体に実質二ＦＭという変則的な様相を示している。

災害時にこまめな地域情報を生放送できるコミュニティーＦＭとケーブルテレビをもつ『島原新聞』。地域の有事だけでなく、平時から音、映像、紙が連携できる具体策はあるのかどうか。三つのメディアがそれぞれに得た情報を共有はできるだろう。インターネットなら、まさしく音、映像、文章のコラボは可能だが、今ある、それぞれのメディアを残したまま、その特性を生かした連携を探ることになるのだろうか。

第二章　有明新報　福岡県大牟田市有明町一丁目

県境挟む旧炭鉱の町結ぶ
二版紙面で広がり図る

ＪＲ鹿児島本線と西鉄天神大牟田線の大牟田駅から歩いて五分。途中、戦火に耐えた威厳のある建物・大牟田市役所（四階建て　一九三六年完成）を眺めてすぐ、有明新報社に着いた。同社が発行する『有明新報』は、地域紙では珍しく、配達エリアが県をまたいでいる。福岡県側が大牟田市を中心に柳川市、みやま市、大川市、筑後市、大木町。熊本県側は荒尾市を中心に南関町、長洲町、玉名市の一部だ。発行部数は九千三百部（二〇二一年十月現在）で、うち大牟田市が五千四百部、柳川市が千三百五十部、荒尾市が千百部という。大牟田市の場合、人口十万九万四百五人、五万五千八百四十五世帯（二〇二二年四月一日現在）だから、十軒に一軒が購読している勘定だ。

福岡県と熊本県をまたぐ地域紙

どうして福岡、熊本両県にわたる地域紙となったのだろう。たとえば全国紙だったら国という枠で、県紙は県行政の枠、そして地域紙だったらいわゆる市郡という行政枠がベースとなるのが

有明新報社

有明新報
THE ARIAKE SHIMPO
統合版
2022年（令和4年）
2月16日
水曜日
南関町長選挙
佐藤氏 無投票3選
町民の思い町政へ
人口減など課題解決を
定数12に13人出馬
町議選告示 選挙戦へ
掘割「水落ち」始まる
24日まで 柳川早春の風物詩

『有明新報』2022年2月16日付

大賀茂功社長

有明新報社の編集職場

一般的だ。「炭鉱の町だったからです」と尾形敏之取締役参与。三井三池炭鉱だ。一九九七（平成九）年に閉山したが、二〇一五（平成二十七）年に「明治日本の産業革命遺産」の一つとして世界文化遺産に登録されている。そのかつて日本の産業をひっぱるエネルギーとなった石炭を掘り出す三池鉱山の坑口は大牟田市、高田町（現・みやま市）、荒尾市にあった。坑口の先には鉱員らが住む炭鉱の町が形成された。鉱山の関与する人々にとって福岡県、熊本県など関係なく、「三池鉱山」という枠、コミュニティーがあったわけだ。そのコミュニティーを結ぶ地域紙としてあった『大牟田日日新聞』と『三池日報』が合併して創刊されたのが『有明新報』だったのだ。

三井三池炭鉱の関連会社・三井三池開発が荒尾市の炭鉱住宅跡地に三井グリーンランド（現在はグリーンランドリゾートが経営）を開園させた翌年、一九六七（昭和四十二）年十月、地元経済界の後押しで「もっと大きな新聞社へ」と株式会社「有明新報社」が設立される。「有明」という名前は、有明海に面する福岡、熊本の市町をエリアにしようという狙いで付けられたようだ。資本金は当初六百万円で、三回増資して現在は二千八百五十万円。初代社長は編集部長兼務の坂梨栄さんだったが、二代目以降は地元経済界から就任し代々、非常勤。今の社長は四代目で、大賀茂功さん。大牟田市の寝具総合メーカー・ダルマックスの社長だ。創刊翌年の六八（昭和四十三）年からは有明広域圏市町の行政、経済、文化スポーツ界の人々が集う「有明地区新春年賀交歓会」を有明新報社主催で毎年一月、開いてきている（コロナ禍で二〇二一、二二年は中止）。夏の八月には「有明地区中学校軟式野球大会」を七六（昭和五十一）年から毎年、主催してきた。県をまたいだ地域の学校スポーツ大会は珍しく、注目されたようだが、二〇二一（令和三）年度はコロナ禍で中止。翌二二年度、主催事業としての大会を完全にやめることを決めた。

「有明筑後版」と「大牟田荒尾版」

まだインターネットが普及していない時代。発行部数は創業時から順調に伸び、十七年後の一九八四（昭和五十九）年には一万部に達する。炭鉱の町のコミュニティー紙から柳川方面にまで影響力が出てきたことから八六（昭和六十一）年、発行エリア内で大牟田市に次いで人口の多い柳川市（六万三千五百六十六人、二万六千十九世帯　二〇二二年三月末現在）に柳川地方総局を開設する。この年から柳川方面と大牟田・荒尾方面とで紙面の版を替える。ページ数は柳川方面版が四ページ建て、月千円の購読料。三千部刷った。大牟田・荒尾方面は八ページ建て千七百円とした。元々、大牟田・荒尾方面の炭鉱の町の地域紙から有明海に面する柳川方面までの地域紙として創刊された『有明新報』だったが、購読者の関心、ニーズは別だったことから二版体制をとった方が発展できると判断したのだろう。政治経済界などの新年の祝賀会や中学校軟式野球大会のような、その時だけの広がりはあっても、日々の暮らしを報じる紙面には地域性の違いが求められたわけだ。

しかし、交通網の整備や大都市部からの情報発信の広がりなどから時代は徐々に地域性が薄くなっていく。産業構造にも変化が出てくる。一九九七（平成九）年、百二十四年続いた三井三池炭鉱もついに閉山に追い込まれる。さらに時代が進んだ二〇一四（平成二十六）年、『有明新報』

は柳川方面と大牟田・荒尾方面との版の違いをなくし、統合させる。元々、部数の少ない地域紙が版を替えて印刷する負担は大きかった。それぞれの版で別個に値上げしてきた購読料金も月二千四百七十円（税込み）に統一する。この料金は現在も変わっていないが、版の統一判断はまだ早かったようだ。

柳川市の読者から不満が出たという。「料金が上がった上、柳川の記事が出てこない。物足りない」という声が上がったらしい。「柳川の記事もたくさん扱っているのですが、やはり一面に出てこないと印象に残らないようでした」と尾形取締役。二年後の一六（平成二十八）年、再度、版分けすることにした。「大牟田荒尾版」と「有明筑後版」という名称にして、「有明筑後版」には一面にも必ず柳川方面のニュースを掲載するようにした。ただそのニュースを「大牟田荒尾版」で別のページに載せるという手間がかかることはしない。一面には共通のニュースのほか、「大牟田荒尾版」だけで報じる記事、「有明筑後版」だけの記事があることになる。ただ、火曜付と水曜付の週二回は「統合版」となる。時代の要請に合わせカラー印刷を始めたためだ。有明新報社ではカラー印刷ができず外注する。その外注まで版分けするとなると余計、コストがかかってしまうからだ。カラー印刷は二〇一八（平成三十）年から始め、二〇（令和二）年から週二回に定着している。

紙面は通常の新聞の大きさ、ブランケット判で八ページ建てが基本だったが、二一（令和三）年ごろから六ページ建てが多くなった。コロナ禍でイベントなどが減り、報じるニュースも少なくなったためらしい。午後七時半刷り出しの朝刊。日曜付は休刊する。記者たち社員は土曜を休むわけだ。県紙や全国紙などの休刊日は月に一回が基本だが、その多くは月曜付が休刊。社員は日曜を休むことになる。でもイベントなどは日曜が多い。地域の情報を大切にしたい地域紙としてはそのイベントを取材しないわけにはいかない。読者も地域のイベントが報じられるのを待っている。配達のための販売店（専売店）は持たず、すべて九州のブロック紙『西日本新聞』（本社・福岡市）の販売店二十一店に委託している。印刷された『有明新報』はその日の夜の内に、二十一店舗まで運送。翌朝、未明に届く『西日本新聞』とともに配達してもらうのだ。ただ『西日本新聞』が月曜付を休む休刊日は販売店も休むため、『有明新報』も休まざるを得ない。結果、『有明新報』は日曜付と月曜付、二日続けて休刊となることが月に一回程度ある。毎週土曜付には日曜のテレビラジオ番組欄も掲載するため八ページとなるが、『西日本新聞』の休刊日と連続する時は月曜の番組欄まで掲載することになり、紙面は十ページに増える。

毎日掲載「こちら110番」

そのテレビラジオ欄は一九九八（平成十）年から、多くの新聞社同様、東京ニュース通信社（東京都）の配信を受けるようになった。それまでは地元の各放送局から情報をもらって番組欄を作っていたらしい。『有明新報』は、共同通信社や時事通信社などからニュースの配信は受けていない。ただ、政治の裏話、釣りの話題などいわゆるフィーチャーネタは、内外メディア通信社（神奈川県横浜市）と契約して紙面で随時、使っている。『島原新聞』で紹介したように格安で紙面活用できるため一部の地域紙では重宝されている。

いわゆるニュースはすべて自社の記者が取材したものだ。有明新報社の社員は三十二人で、うち編集部門が十五人。このうち取材記者は柳川地方総局の四人を含めて十一人だ。発行エリアの福岡県側六市町と熊本県側四市町にはそれぞれ担当を付けて、行政ネタ、市井ネタ、話題ものなどをフォローする。六ページの場合、一面にはコラム「むつごろう」のほか十市町の首長や議長の当日の予定を箇条書きで紹介する「トップの動き」が基本、毎日掲載されている。二、三面には、地元のイベントなどの記事のほか子供を写真付きで紹介する「ホープちゃん」が定番だ。第二社会面の四面には、若い女性を紹介する「いきいきレディー」か若い男性紹介の「ヤングくん」を掲載、地元の個々人をなるべく多く紹介しようとしている。地域の細かい情報を出すという意味では、第一社会面の五面に毎日掲載される「こちら110番」も興味深い。

大牟田署、荒尾署、柳川署、筑後署に前々日と前日未明までにかかってきた一一〇番の時刻、内容、警察の対処までを箇条書きで報告。創刊当時からある名物コーナーで、毎日二十件余りを紹介し、うち一件の中身を見出しにとって、目をひきやすくしている。「動物のような声」と見出しが付いた日（二〇二一年十二月十日付）には、「自宅玄関前にいる人が動物のような声を出していいます」という通報で、交番員が出動したところ、「家の裏の森でフクロウが鳴いていた声と判明」と書かれている。「車の男が女子眺める」（二一年十二月十八日付）は、「コンビニ駐車場で軽乗用車に乗った男が出入りする女子高校生をずっと眺めている」。交番員が駆けつけたが、発見に至らなかったらしい。

通常なら警察担当記者が副署長との間で、「昨夜はこんな一一〇番があった」と雑談になる程度の話を、各署から時系列で一一〇番情報を毎日、提供してもらい、それを紙面に出す。地域紙ならではのコーナーと言えるだろう。大牟田市出身の歌手（男性バンドinfix　ボーカル）長友仍《じょう》世《せい》は、『有明新報』創刊五十周年の冊子『郷土とともに半世紀』で、「こちら110番」を気に入って、自らが担当するラジオ番組でも紙面を引用、「こちら110番」というコーナーを番組内につくったらしい。「もう二十五年、今でも人気コーナーです」と紹介している。

地域紙ゆえ？苦い体験

地域紙は地域に密着しているが、報道機関としては規模が小さい。地元で大きな事件事故が起こったら、その取材力では県紙や全国紙には劣る可能性がある。地域に密着しているゆえの落とし穴もある。『有明新報』はそんな苦い体験もしている。

一九八四（昭和五十九）年一月十八日、三井三池炭鉱で坑内火災が発生し、八十三人もの死者が出た惨事があった。この日は水曜日で通常の勤務態勢だったはずだが、『有明新報』は翌十九日付の朝刊で事故について報じることができなかった。『西日本新聞』や全国紙などは大きく報じた。『毎日新聞』十九日付東京最終版は一面トップで「九人死亡、七十二人残留」と前日、取材時点の情報を伝えた。有明新報社には「なぜ載せなかった？！」と疑問と抗議の電話が鳴り続けたらしい。『朝日新聞』十九日付夕刊によると、火災が発生したのは十八日午後一時五十分だったが、福岡市の福岡鉱山保安監督局に三池鉱業所から電話連絡が入ったのは午後三時三十分と二時間も遅れた。

さらに大牟田署に知らせが入ったのは午後六時過ぎだったという。このころには報道各社は必死になって人数をかけて取材に走り回っていたようだ。地元紙『有明新報』の記者も動いていたのかもしれない。しかし、記者の数は限られている。同紙の刷り出しが現在と同じ午後七時半ごろだったとすると、紙面化できるほどの情報は集まっていなかっただろう。選挙などあらかじめ日程が定まっている場合は、投票結果を入れるために刷り出しを遅くに設定しているが、突発の事件事故に際して、柔軟な対応は難しい。全国紙ほど慣れてもいないだろう。この一件で、「部数は減りました」と尾形取締役。ただ前述したように二ヵ月後の八四年三月には『有明新報』は部数一万部を達成している。炭鉱事故への対応がうまくできていたら、もっと部数は伸びたかもしれない。

尾形取締役はこんなエピソードも紹介してくれた。地元の著名人が亡くなり、その死亡記事で『有明新報』は「今日、葬儀」と報じたらしい。実際は「明日」だった。間違いに気づいた有明新報社は社員総出で、葬祭会場に出向き、弔問に来た人々にひたすら謝ったという。人の生き死に、特に「死」は地元の人にとって関心事だ。それを報じる地元紙が重宝されるだけにミスは怖い。

一九九七（平成九）年十一月八日に主催事業として開いた「第十一回有明新報社杯有明地区親善ゴルフ大会」も痛い思い出だ。二百人余りが参加し、六十歳未満男性部門で優勝したのが地元の暴力団組長だった。翌日の紙面では大会の様子を詳しく報じ、優勝者としてトロフィーを持つ写真やコメントも紹介した。十一月十五日付『朝日新聞』がこの問題を報じる。コンペの途中に他の参加者からの指摘で、警察にも照会したところ、組長だとわかったが、トラブルもなく進んだためそのままにしていたらしい。「判断が甘かった」と朝日新聞の取材に答えている。『有明新報』も三日後の十一月十八日付一面肩で「反省とお詫び」を掲載。「判明したのが、大会当日のプレー中」で、「多くの参加者におかけする迷惑の大きさを考え」、大会を続行した。その「事実と報道については、配慮をかけたものと、深く反省しています」とした。

紙面の将来をみつめる

フリーペーパーは二種類出している。グルメ情報誌『うまかばん』は年末年始に特化した年に一回の刊行で、一九八七（昭和六十二）年十一月に創刊。毎年、大牟田、柳川、荒尾三市の繁華街の忘年会・新年会用コース料理などを紹介している。B５判でカラー刷りの五十ページほど。現在は八千部、発行している。コロナ禍で二〇二一年は休んだ。有明地域の生活情報誌『Ｃｌｅｂａ（クレバ）』は二〇〇四（平成十六）年に創刊した。こちらはA４判の大きさでカラー刷り三十ページ余り。年四回発行の季刊誌で、四万五千部も刷っている。西日本新聞の販売店に新聞と同時に配ってもらっているらしい。

ＨＰ（ホームページ）はあるが、日々のニュースはアップしていない。有明新報社のＰＲで終わっている。電子版の紙面を購入できる「SHIMBUN ONLINE」へのリンクはある。この「SHIMBUN ONLINE」は、全国の地域紙をネットで閲覧購入できるサイトで、新聞オンライン社（東京都三鷹市）が運営。一部売りのほか月決めの契約もできる。『有明新報』の料金は一部売り百四十円で紙の新聞と同じだが、月決めだと二千五百七十円で、紙より百円高い。九州・沖縄の地域紙では『奄美新聞』（鹿児島県奄美市）、『宮古新報』（沖縄県宮古市）、『八重山日報』（沖縄県石垣市）も同サイトに加わっている。「多くはないですが、買う人はいます」と尾形取締役。

有明新報社の経営状況はどうなのだろう。年間の売上高は二億一千万円ほど。うち販売が一億五千万円、広告が六千万円ぐらいとみられる。二〇二一（令和三）年三月期決算は五百万円ほどの赤字だったという。部数は一九九六（平成八）年十月がピークで一万二千五百二十一部あったが、その後、減少傾向にある。購読者の七割は六十代以上だという。全国紙、県紙同様、地域紙の将来も厳しい。有明新報社周辺でも二〇一七（平成二十九）年五月、『久留米日日新聞』が休刊し、六十年の歴史に幕を閉じた。翌一八（平成三十）年十一月には『日刊大牟田新聞』が三十三年の歴史を終え、廃刊している。

『有明新報』は、現在の部数九千三百部のうち大牟田荒尾版が七千部で、そのうち大牟田市が五千四百部、荒尾市が千百部を占めている。有明筑後版は二千二百部で、うち柳川市が千三百五十部だ（郵送百部）。有明海の右岸域にエリアを拡げようと創刊された『有明新報』だが、コスト削減を考えれば有明筑後版をなくすという経営判断が出てくる可能性はある。ただ柳川の読者からは柳川地区のスポーツやイベントなどが報道されて感謝されている。柳川署の署員らからも「自分たちがどういった活動をしているのか紙面で知ってもらえている。助かっている」と言われているらしい。柳川市出身の元大関・琴奨菊和弘さんも「帰郷した日の数日間の有明新報を読み、故郷近くでどんなことが起きているのか目を通すのが楽しみ」と、同紙創刊五十周年記念冊子『郷土とともに半世紀』に寄稿している。

編集部の高本明副部長は「地元のカラーをしっかり伝えるのが一番。掘り下げた記事、読ませる記事を載せていきたい。それで新しい読者をつかむというより、今の読者を守る、惹き付けたい」と語った。厳しくなる経営環境のなか、地域紙の意地をみせたいところだ。

第三章　今日新聞　大分県別府市野口元町

「愛郷一貫」そして愛国
世界、国政見据えた地域報道

「こんにちしんぶん」と読む。地方のメディアは一般にその土地を社名にいれる。名前からどの地域メディアか一目瞭然となるからだ。「新聞」は「新しい見聞」、今を伝えるニュースの意味だから「今日」が付くのは屋上屋のようだが、その意外性が印象に残るネーミングだ。鹿児島県の民放・MBC南日本放送で長く続く、夕方テレビのローカルニュース「NEWS　NOW（ニユーズナウ）」同様、悪くない。通常の新聞と同じブランケット判の四ページで、日曜祭日は休刊の夕刊。ニュース掲載面は少ないが、一ページ目に海外ニュースを載せることも多い。「地域の価値観も国とか国際情勢の影響を受けている」と檀《だん》上《じょう》陽一社長（六十六歳）。社是は「愛郷一貫」。「地域に特化しないといけないが、読者には国際情勢、国内情勢も知ってもらいたい」と言う。「湯煙がきな臭くなる」とも言われる湯の町・別府は政争も激しい風土。地元紙として行政のありように関心をもつとともに、国際問題にも愛国的な論調で檀上社長自ら随時、コラムを執筆している。

『今日新聞』というと明治時代、仮名垣魯文が一八八四（明治十七）年に東京で発行したのを

檀上陽一社長

今日新聞社の編集職場

令和4年 2月16日 水曜日

今日新聞

愛郷一貫

杵築市が財政状況等説明資料を公開

繰上償還で公債縮減など

経常収支比率は94・4%に改善

別府市の感染者50人

大分県内の新型コロナ368人陽性

ロシア、第2次大戦なみの兵力

リトアニア外相インタビュー

入国者上限は5千人

抽彩や本版など45点

宝くじ

貴女を尋ねています

永田町情報

「ポスト岸田」狙う林氏の動き

地方行脚をスタートした外相

『今日新聞』2022 年 2 月 16 日付

今日新聞社

思い浮かべる方もいるだろう。まもなく『都新聞』と改題し進展したが、太平洋戦争中の政府による新聞統制で一九四二（昭和十七）年、『国民新聞』と合併し、『東京新聞』となった。戦後の六七（昭和四十二）年、地方紙の雄『中日新聞』（本社・愛知県名古屋市）の傘下に入り、『東京新聞』の題字のまま発行を続けている。リベラルな報道で根強いファンを持つ。その『東京新聞』の前身と同じ名の『今日新聞』は戦前、別府市で地域紙として出現する。現在、自民党の衆議院議員（九期目）の岩屋毅さんの祖父、岩屋護（まもる）さんが一九二八（昭和三）年に立ち上げている。「別府市近現代新聞史をひもとく」（外山健一著　『別府史談　No. 20』掲載）によると、政談を主に取り上げ、辛口で論評するのが特徴だったらしいが、日中戦争中の国家総動員体制下の新聞統制で三九（昭和十四）年に廃刊となったようだ。

岩屋毅代議士祖父から社名

岩屋護さんは戦後、別府市の助役（一九四七―五一年）をしており、そのころ『大分新聞』の司法担当記者だった檀上陽一社長の父親・榮さんと親しくなる。『大分新聞』は一九五〇（昭和二十五）年に創刊された県紙。戦前、大分県には『大分新聞』と『豊州新報』の二紙、県紙があったが、戦時中の新聞統制・一県一紙政策で、四二（昭和十七）年、合併して『大分合同新聞』となり、戦後も名前を変えずに現在に続いている。一方で、「戦前のように二紙は必要」という声が出て、『大分新聞』が出現したが、経営はうまくいかず、六七（昭和四十二）年に廃刊している。陽一社長によると、別府市助役だった岩屋さんは陽一社長の父・榮さんに「別府で新聞をやってみないか」と持ちかけ、『今日新聞』という「題字」を譲ったという。三十歳の誕生日を迎えたばかりの榮さんは、『大分新聞』をやめ、一九五四（昭和二十九）年十一月、『今日新聞』を創刊する。

檀上陽一社長によると、父親の榮さんは一九二四（大正十三）年十一月、日本統治下の朝鮮・平壌の郊外で生まれている。広島出身の両親はその後、朝鮮南部の大邱（テグ）で練炭業や料亭を経営していたらしい。榮さんは応召し、現地で通信員をしていたが敗戦。すでに父親は亡くなっており、母と弟二人を連れて、母の実家・長崎県の諫早に引き揚げたという。戦後まもなくのようだ。『大分新聞』の前には、『長崎日日新聞』（現・『長崎新聞』）、『佐賀新聞』でも短い期間、記者をしたらしい。

『大分新聞』から地域紙『今日新聞』を立ち上げた榮さんは別府市に居を構え、長男・陽一さんが五六（昭和三十一）年二月、誕生する。当時、別府市にはほかに四紙ほど日刊の地域紙があったようだが、『今日新聞』だけが生き残った。陽一さんは日本大学を卒業後、『今日新聞』に入社して二年間、記者をするが、いずれ新聞社を任せようと思っていた榮さんから「組織を勉強しろ」とアドバイスを受ける。陸上自衛隊に入り、小倉駐屯地で二年間勤務する。その後、「一年間、欧米を旅していたら親父から帰ってこい、と」。一九八四（昭和五十九）年、陽一さん、二十八歳の時だったらしい。

別府市長リコール運動主導

その三年後、八七（昭和六十二）年四月の別府市長選で初当選した保守系無所属の中村太郎市長に対するリコール運動は、今日新聞社としても思い出深い出来事だったという。中村氏は元読売新聞社の記者で元県議。市長選二度目の挑戦で四選を目指す現職を破る。当時四十六歳。『朝日新聞』（八九年一月十三日付）によると、中村氏は初登庁の日、約四百人の支持者らとともに市庁舎を視察するなど「型破りのデビュー」をする。秘書係長には自分の後援会幹部を登用し、税金の使い道は「地区の集会で決めます」と「直接民主主義」を標榜したことから「議会軽視」と反発を受ける。議会からは辞職勧告決議や不信任案の動議も出されるなど混乱したらしい。

当選翌年の八八（昭和六十三）年十月ごろから市長への解職請求・リコール運動も起こる。『今日新聞』が中心的な役割を担った」と陽一さん。「市長からは、今日新聞は新聞じゃない。紙に印刷されたもの（に過ぎない）と言われました」と苦笑する。リコールの署名は有効数が四万五千人を超え、別府市の有権者（約九万八千人）の三分の一を大きく上回ったことから翌八九（平成一）年三月、リコールの賛否を問う住民投票が実施される。リコール賛成で動いたのは、前市長を支持した自民党の主流派と社会党（当時）に市職労など組合。公明党も加わったらしい。一方、市長を支持する住民も多く、市を二分した争いとなった。結果はリコール賛成が三万一千票余り、反対が三万七千票余りで、リコールは不成立で終わる。投票率は七四・二〇％だった。

中村氏は九一（平成三）年の市長選で二期目も果たす。しかし、九五（平成七）年、九九（平成十一）年の市長選では敗退。翌二〇〇〇（平成十二）年六月の総選挙に地元大分三区から民主党（当時）公認で立候補する。今度は国政への挑戦となったが、対抗馬の自民党元職の岩屋毅氏が返り咲き、二期目を果たす。その岩屋氏は現在九期目。この間、自民党の国防部会長、安全保障調査会長、さらに第四次安倍内閣では防衛大臣を務めている。岩屋氏の祖父から社名を譲り受けた『今日新聞』にとっては因縁深いものがあるかもしれない。

創刊五十周年を迎える二〇〇四（平成十六）年元日号について、熊本県人吉市の地域紙『人吉新聞』で長年一面コラムを書いて、定年退職後、地域情報誌『週刊ひとよし』を立ち上げた伊勢戸明さんが、その情報誌のコラム「くま春秋」（二〇〇四年一月十八日付）で次のように紹介している。『愛されて五十年』というキャッチコピーを添えた四十八ページの新年号は、お世辞にもスマートとは言えないが、地元色ぷんぷんの硫黄くさくて酸っぱい湯の香が漂う、健全な〝泥臭さ〟が満載され、五十年前の野心横溢をいやというほど感じさせてくれた」。伊勢戸さんは大先輩の記者として檀上榮さんを慕っていた。妹が今日新聞社で文選（鉛の活字を拾い組み入れる専門工）しており、伊勢戸さんも短い期間だろうが、今日新聞社で記者をしたらしい（次女・伊勢戸まゆみさん談）。その『今日新聞』五十周年元日号には榮さんが得意にしていた「世相いろは歌留多」も掲載されていたようだ。伊勢戸さんは「たぶん読者の大半は、この遠慮会釈ない断罪ぶりを屠蘇の肴にしているはず」と一部紹介している。「（い）イラク戦争勝ったか負けたかイラン世話」「（は）原にイチモツ、セに荷物」「（か）変わりやすい女心と銀行名」「（し）知らんヤツの知らん歌聞く大晦日」「（も）蒙古襲来、神風吹くか国技館」。この世情切りの気っぷの良さは息子の陽一さんも受け継いでいた。

コラム「いいたい砲台」

檀上陽一さんは二〇〇五（平成十七）年に社長に就任後も、社会面で「いいたい砲台」と題するコラムを不定期に、月に一回程度、書いている。同紙に社説はない。その代わりとなる社主の主張だ。二〇（令和二）年一月十七日付では、地元で講演した岩屋代議士を紹介し、『憲法改正』不退転の覚悟」と見出しを付けた。歯に衣着せぬ筆致で国政批判もする。「はっきり書くなぁ、と割と年配者に好評なんですよ」と陽一社長。国防に対する関心は高く、北朝鮮のミサイル問題、尖閣諸島への中国の関与などでは国に積極的な対応を求める。二一（令和三）年三月六日付「法整備を急げ！」では、尖閣諸島防衛のために緊急事態に対応できるよう自衛隊法の改正を訴えた。ロシアのウクライナ侵攻問題は月に数回ペースで執筆し、ロシアの暴挙を断じている。二二（令和四）年三月十九日付は「プーチンの敗北」。ロシア・プーチン大統領による侵略は「事の結果いかんを問わず、プーチンの敗北。明らかな負け戦」と断じた。日本に対しては、「我々日本は、戦後永きにわたる平和主義から脱却して、真の国防意識を共有しなければならない。日本に手を出したら『大変危険だ』という意識を諸外国に示さなければならない」「難しい事ではない。愛国心の醸成であり、自分の国は自分達で守るという気概を幼少の頃から身につけさせることだ。よくテレビに出る人気コメンテーターのニセ平和主義の言葉に流されてはダメだ」と釘を刺している。

国際ニュースから身近な交通事故まで

創業者の榮さんは二〇一七（平成二十九）年六月、九十二歳で亡くなっている。現在、社員は十人。うち記者は檀上社長を含めて三人。営業の三人も「遊軍」として、別府市議会の一般質問など応援取材・執筆するらしい。一般質問は全議員分を顔写真付きで詳報している。部数は一万二千部という。一九七二（昭和五十二）年のころがピークで一万七〜八千部あったらしい。現在の購読者の「六割強は六十五歳以上」と檀上社長。販売エリアは主に別府市で、お隣・日出《ひじ》町まで。杵築市には郵送しているという。別府市の人口は十一万三千人余りで、約六万世帯（いずれも二〇二二年二月末現在）だから、同市内では五、六軒に一軒ほどが購読している勘定だ。日曜祭日は休刊の夕刊で、刷り出しは午後一時半。別府市内に専売店が六店のほか県紙や全国紙などとの合売店が六店。日出町は合売店一店という。購読料は税込み月千二百円（郵送千七百円）だ。

　ブランケット判の四ページ。一面はトップニュースを含め地元の情報が四、五本。国際ニュースも一本入ることが多い。「国際観光温泉文化都市を標榜している別府市ですから」と編集長でもある檀上社長。市内山手には立命館大学アジア太平洋大学もある。先述したように檀上社長は国際情勢、国内情勢も読者に知ってもらいたいという思いが強い。高齢者が多い購読者は県紙や全国紙を併読していないようだ。国内外のニュースは二〇〇二（平成十四）年五月から、全国紙の読売新聞社から配信を受けている。県紙の場合は主に共同通信社から、一部、時事通信社から配信を受けているが、地域紙がこれらの通信社と契約を結ぶのはコストの負担が大きい。読売新聞は格安の料金で配信してくれるようなのだ。読売新聞グループ本社広報部によると、地域紙への配信は一九九七（平成九）年一月にスタート。「取材エリアが限られている地域紙を支援するのが目的」だ。同広報部は現在、何紙が契約しているか明らかにしなかったが、関係者によると、全国で二十紙余りが契約している。後に紹介する『奄美新聞』（鹿児島県奄美市）もその一つだ。

『今日新聞』は、一面下には「永田町情報　日本の政治楽屋ウラ」と題した、政治家のイラスト入りの国政裏話を連日、比較的大きく掲載している。『島原新聞』、『有明新報』同様、内外メディア通信（神奈川県横浜市）の配信だ。二面は、同通信社からのプロ野球の裏話記事も活用するほか、読売新聞社の配信記事や地元の文芸作品などを掲載。三面はいわゆる社会面で地元のニュースが中心。交通死亡事故の場合、事故現場か警察署に保管されている事故車両の写真を撮って必ず掲載するようにしている。主な購読者である高齢者に、交通事故だけは気をつけてほしいという思いからのようだ。最終面である四面はテレビの番組表。当日の午後六時から深夜までと、翌日早朝から夕方までの一覧を掲載している。休刊日である日曜・祭日の前日は、二面に、翌日夕方から深夜までと翌々日朝から夕方までの同番組表を載せる。カラー写真がたまに一面に出る。一面か四面にカラー広告があるときに連動している。

ＨＰ（ホームページ）は、紙面編集担当者が毎日、更新し、一面と社会面のトップ記事など四、五本アップされている。檀上社長のコラム「いいたい砲台」も必ずアップしている。紙面用の記事データを掲載写真とともに移すだけだから、大きな作業ではない。若い人たちが見てくれるのを期待している。将来は有料化を考えているという。「地元、地域の情報はコンテンツになる。全国紙に比べものにならないほどコストを使っていますから」と檀上社長。

「将来は他業種参入も」

今日新聞社の年間売り上げは七〜八千万円ほどで、そのうち六〇％は広告料金だという。全国紙や県紙の広告収入の割合は減少傾向で、部数減の中でも販売収入に頼るのが現実となってきているなか、広告収入の割合が大きいのは目をひく。紙面を見る限り、固定のスポンサーが多い印象で、地域とのつながりの一貫と言えるかもしれない。しかし、購読者の大半が高齢者である現実から将来を見据えると、厳しい経営が待っている。「今後、他業種へ参入しないといけないと思っています」と檀上社長は言う。

まず念頭にあるのは不動産関連のようだ。同社はＪＲ別府駅から近く、日豊線沿いにある。一九七〇（昭和四十五）年ごろ建てられた自社ビルで四階建て。一階が印刷工場、二階が編集・総務などで、三、四階は会議室にしているが遊休状態という。ビルを取り壊した場合、用途地域などから八階建てまで建築が可能らしい。確かに立地の良さから施設の有効活用は合っているのかもしれない。二〇二四年には創刊七十周年を迎えるにあたって、現在の個人経営から法人化も検討しているようだ。次男、三男は新聞社の業務に従事している。東京にいる長男とともに三兄弟で将来は会社を支えてくれるかもしれない。

檀上社長は「新聞は続ける」と言う。「新聞はライフワークみたいなものです。そのために他業種に参入し、安定した収入で新聞を維持したい」らしい。「読者層をもっと広げたいが、一方で新聞を高齢者の生き甲斐みたいなものにしたい」。手続きが難しくなっている行政情報をわかりやすく報じる。グルメやショッピングなどの生活情報もさらに提供する。「高齢者の行動範囲を拡げる手伝いをしたい」。健康で生産性のある長寿社会へ。創業の父・榮さんが定めた社是「愛郷一貫」。

自らも高齢者の仲間入りをした檀上社長は、地元を『今日新聞』とともにみつめていた。

第四章　夕刊デイリー　宮崎県延岡市大貫町二丁目

宮崎県北に圧倒的存在感
社員株で自由な言論維持

「延岡市内はもちろんですが、日向市でも取材相手の方から『なんだあ、デイリーさんじゃないんですか？』と残念がられます」。宮崎県の県紙『宮崎日日新聞』の若手記者が苦笑しながら語ってくれた。離島で発行する地域紙があれば、その地域紙は本土に本社のある県紙より部数が多くて影響力があるのは、海に囲まれた離島ゆえと理解できる。同じ陸続きでも宮崎県北部の場合は、県南部・宮崎市に本社がある『宮日』より、延岡市の『夕刊デイリー』の方が存在感があるようだ。離島のような隔絶感ではないが、「陸の孤島」と言われてきた距離感が背景にあるのかもしれない。『デイリー』の発行部数は二〇二一年十月一日現在で、三万九千七百四部と地域紙としては多い。うち延岡市内が二万六千七百五十九部。同市の世帯数は五万千二百三十四戸（二〇二二年四月一日現在　人口は十一万五千五百八十三人）だから世帯に占める割合は五二％に及ぶ。新聞離れが進むなか二軒に一軒が購読しているというのは驚異的だ。一方、『宮日』の延岡市内の部数は、折り込みチラシ用に宮日サービスセンター（宮崎市）が公表しているのが七千十五部（二〇二二年四月現在）。チラシ用部数は破損紙などもある前提で打ち出されているので実際の部数よ

松永和樹社長

夕刊デイリー
THE YUKAN DAILY

島浦町に満月食堂
来月オープン
約15年ぶりに飲食店
島の味提供へ
休漁の夜の活気をと命名

収穫最盛
大忙し山本さん夫妻

認定補聴器専門店
SATOメガネ・補聴器センター

日向市
日向岬馬ケ背「スケルトン突き出し展望スペース」愛称募集!

旭化成ネットワークス 正社員募集
CoCo-CAFE
AsahiKASEI

『夕刊デイリー』2022 年 2 月 23 日付

夕刊デイリー社の印刷職場

夕刊デイリー新聞社

り多めだと見るのが一般的だ。その部数でも『デイリー』の四分の一しか延岡では配れていないことがわかる。ちなみに『宮日』が日本ABC協会を通じて発表している部数総数は十七万六百八十三部（二〇二二年一月現在）。宮崎県の世帯数は四十七万十八戸（人口は百五万四千二十人　二〇二二年四月一日現在）だから世帯シェアは三六・三％となる。

『デイリー』は、人口五万八千三百三十人、二万五千三百六十七世帯の日向市内では六千三百二十二部で一世帯当たり二四・九％、門川町（一万六千九百九十五人、六千八百十九世帯）は千八百五十四部で二七％を占めている。美郷町、高千穂町、日之影町までが配達エリアだ。郵送が発行部数の一割近く、三千二百八十八部もあるのも目を引く。出身者など個人のほか、延岡市が発祥の大企業・旭化成（本社・東京）の社員や宮崎県庁の各課がとっているという。旭化成の社員は延岡勤務時代からの親しみで、県職員は仕事上、見逃すことができない地域紙だということか。株式会社（資本金九千六百万円）だが、外部の資本を入れず、完全社員持ち株制度をとっている。地域紙としては珍しい形態だ。希望する社員が株を購入し、投資する。完全割り当ての社員株だけで成り立つ鹿児島の県紙・南日本新聞社ほどではないが、外形的には外部資本の意向を受けない自由な言論を維持できることになる。本来、報道機関としてはあるべき姿とも言える。

創刊を旭化成労組が支援

『夕刊デイリー』の創刊は一九六三（昭和三十八）年十月。当時、延岡市内には地域紙が四社あったらしい。そのうちの有力紙『夕刊ポケット』は、記者たちの信望の厚かった西本豪太社長が亡くなり、その後の編集方針を巡り社内が対立。新しい新聞社を自分たちで立ち上げようという記者数人の思いに計二十一人の社員が呼応して設立したという。延岡労働基準監督署跡の事務室を印刷工場に、宿直室だった「天井の低い、狭苦しい」部屋を編集と営業に活用、「すし詰め」状態だったと、『デイリー』一面コラム「記者手帳」(一九六四年九月一日付)は振り返っている。部数は創刊時から四千部余りあったらしい。ゼロからのスタートではなかった。『ポケット』新聞社の販売店一部を既に巻き込んでいたようなのだ。『ポケット』の有力な購読者層だった旭化成の職員組合が『デイリー』の創刊を支援していたらしい。自身も『ポケット』の記者から後に『デイリー』に移った松永和樹社長(七十一歳　一九五一年六月生)が、そんな当時の様子を教えてくれた。旭化成の企業城下町と言われる延岡。『デイリー』創刊時、延岡支社だけでも一万人余の従業員がいた(『旭化成八十年史　資料編』)。その職員組合からの購読の支えは、報道は是々非々で臨むとしても心強いものがあったと言えるだろう。

旭化成の創業者・野口遵《したがう》は、一九〇六(明治三十九)年、鹿児島県伊佐市の曽木の滝周辺に水力発電所「曽木電気」を興し、二年後、その電気を熊本県水俣市に送電して石炭窒素の肥料生産工場を建設し、社名を「日本窒素肥料」(本社・大阪)に替える。同社はその水俣でアンモニアの合成工場も造ろうとするが、地元の反対にあって、一九二二(大正十一)年、延岡で工場建設に乗り出し、翌年、稼働させる。同社は大陸にも進出し、戦前の十五財閥の一つ「日窒コンツェルン」となる。戦後は財閥解体などで分社され、水俣は「新日本窒素肥料」から「チッソ」(現・JNC)、延岡は「旭化成工業」から「旭化成」となる。ちなみに野口は鹿児島市には「日本水電」

という配電会社をつくるが、戦時中の電力会社の統制で「九州配電」（現・九州電力）に統合される。残された都市ガス部門が「日本瓦斯」となり、現在の「日本ガス」になっている。

旭化成は二〇一四（平成二十六）年、本社を東京に完全に移し、今やグループ全体で従業員四万人を超える大企業となった。延岡支社の従業員は三千人ほどに減ったが、関連企業まで合わせると約六千人いる（旭化成延岡支社・広報）。創業の地に対する幹部社員の思いは強く、二〇一九（令和一）年度まではグループ全体の入社式を毎年、延岡で開催していた。オリンピックなどで活躍する旭化成柔道部や陸上部の拠点は現在も延岡だ。

旭化成の城下町・延岡はかつて「民社王国」とも呼ばれた。旧民社党の委員長を務めた米沢隆氏（二〇一六年死亡）は旭化成ＯＢ。労組の支援もあって衆議院議員に通算九期、当選した。一九九〇（平成二）年前後、延岡市議会でも民社党議員が自民党系議員より多かったようだ（『朝日新聞』二〇一五年五月二十日付）。こうした町の空気は、権力をチェックするジャーナリズム精神とも相互に影響しているのかもしれない。

土呂久鉱害を告発

『夕刊デイリー』創刊ちょうど二年の節目、一九六五（昭和四十）年十月一日付の一面コラム「記者手帳」で、コラム子は、「私どもには金はない。しかし、誰にも負けない正義感と自立精神、そして若々しいエネルギーがある。社のバックボーンを強化して、将来への発展の基礎を築くためには、株式会社に組織かえするよりない。それも社外資本を導入していては新聞の中立はなくなり、言論の自由は侵される。私どもはなけなしのヘソクリをはたき、各自出せるだけの金を持ち寄って社内株による株式会社を創設した」と記した。

このコラムから四年後の六九（昭和四十四）年十月三十一日付『デイリー』は高千穂町岩戸の廃坑となった土呂久鉱山の鉱毒について報じる。狭い谷間の集落にあった土呂久鉱山では、一九二〇（大正九）年から戦中・戦後の中断を挟んで六二（昭和三十七）年まで猛毒の亜砒酸を製造していた。記事は社会面をほぼ全面使い、「県北にも廃坑の〝砒素〟公害　草の一本も生えぬ土呂久　砒鉱の残滓、雨ざらし日ざらし」などと報じた。土呂久の公害を初めて社会に訴えた記事だったようだが、「まったく評価されずに忘れられていきました」と記録作家・川原一之さん（一九四七年生）。『朝日新聞』宮崎県版で連載中の「土呂久つづき話　和合の郷」１３８話（二〇二二年三月十六日付）で紹介している。これまで土呂久公害を世に知らしめたのは一九七一（昭和四十六）十一月、宮崎県教職員組合の県教育研究（教研）集会での地元・岩戸小学校教員らの発表で、それが報じられたのが最初だとされてきた。『デイリー』の報道はそれより二年も早かったのに、川原さん自身、最近まで知らなかったらしい。川原さんは『朝日新聞』の元記者で、初任地だった宮崎支局で「土呂久」を知り、鉱害を過小評価したい行政の姿勢、関心の薄れていく世間に危機感を募らせ、鉱山と集落の暮らしの語り部となるべく、入社六年で朝日新聞社を退職し、宮崎に居を構えた。

『デイリー』の記事は教研集会の発表より二年も早く報じたのに、なぜ人々の記憶に残らなかったのか。川原さんは同連載記事のなかで、二つの理由を挙げている。一つは、『デイリー』の記事は「健康被害の規模を十分につかめなかった」ためとしている。教研集会では岩戸小学校の教員らが土呂久集落の大半の住民から聴き取り調査を行い、その疾患、平均寿命の短さなどをデータにまとめていた。一方、『デイリー』の記事で取り上げたのは一家族の健康被害だけだった。記事を書いたのは『ポケット』から『デイリー』創刊時に移ってきた興梠《こおろぎ》敏夫という記者で、彼は『ポケット』時代も土呂久の煙害が農畜産だけでなく、人の健康にも被害を与えていることを報じていた。今回の『デイリー』での告発記事でも、鉱害の歴史も振り返りながら、企業側、行政側の不誠実さを問い、集落に堆積する残滓「ズリ山」の環境汚染、健康被害に警鐘を鳴らしていた。

川原さんが挙げたもう一つの理由は、『デイリー』が「販売地域が県北に限られた夕刊紙であったこと」だった。『デイリー』が訴えた土呂久公害の記事は、地元の高千穂町、宮崎県、国の関係部署もチェックしただろう。宮崎市に支局や本社のある新聞、放送局、通信社の記者たちも読んではいたはずだ。しかし、簡単に後追いできるストレートな記事ではなかったし、行政に確認しても、行政側としては問題を大きくしたくはない事案だけに報道できるような情報はとれなかっただろう。それでも関心をもった全国紙や県紙の記者、放送局の記者が強い意志で動いて取材を進めたなら、被害の実態を報じることはできたかもしれない。そうなれば行政も重い腰を上げ、その動きを多くのメディアが報道することになっただろう。一方、『デイリー』報道から二年後の教研集会は宮崎市で開かれ、市内にいる新聞、テレビなどの記者たちが駆けつけた。岩戸小教員らの住民調査の情報をつかんで取材を進めていた『西日本新聞』が集会当日に「スクープ」したことが影響したらしい（『朝日新聞』二〇二一年四月二十日付「土呂久つづき話　和合の郷」１４

3話）。岩戸小の調査のリーダー齋藤正健《まさたけ》教諭らは同じ一九七一（昭和四十六）年度、山梨県甲府市であった全国の教研集会でも発表し、注目された。政府は七三（昭和四十八）年、土呂久鉱害での慢性砒素中毒症を公害病に指定する。

齋藤さんら岩戸小の教諭らは当時、『デイリー』の記事を知っていたのだろうか。『朝日新聞』宮崎版で「土呂久つづき話　和合の郷」の連載している川原さんは今回、齋藤さんにメールで尋ねている。川原さんが「アジア砒素ネットワーク」のＨＰに連載の資料として齋藤さんの返事も公開している。齋藤さんは記事のことを全く知らなかったという。『夕刊デイリー』という新聞の存在も知らなかった。他の岩戸小の教員らも同様だったらしい。「全員が岩戸に住んでおられたからです」。『デイリー』は創刊から五年後の六八（昭和四十三）年には早くも二万部に達したようだが、高千穂町の山間部にある岩戸までは届いていなかったのだろう。齋藤さんはメールを次のような言葉で締めている。「夕刊デイリーがこんなに詳しく真剣に、これほどしつこく県当局にその対策を要求していたとは、本当に驚きです。お礼を言いたいほどです」

「南は夜明け、北は夕暮れ」返上へ

延岡支社管内に多くの生産拠点をもつ旭化成は一九九〇（平成二）年九月、痛恨の事故に見舞われる。宮崎空港から延岡支社のヘリポートに向かっていた同社チャーターのヘリコプターが墜落。社員七人と顧客企業の社員一人に乗員二人の十人全員が死亡したのだ。旭化成は東京本社と大阪本社（当時）と延岡との間で社員の行き来が頻繁なことから前年の八九（平成一）年四月か

らへリコプターを宮崎空港と延岡の間で一日に三、四便、運航していた。運航管理する子会社をつくり、運用は日本エアシステムに委託していたが、このときはヘリが整備中で他社からチャーターしていた。それにしてもなぜ、わざわざ社員の出張のためにヘリを飛ばしていたのか。延岡市は宮崎県の県北にあり、県南部にある宮崎市郊外の宮崎空港までは宮崎駅までのＪＲと駅から空港までのバスとで計二時間ほどかかっていたらしい。ヘリだと二十五分で行き来できた。

延岡は人口十万人を超える大きな地方都市なのに、交通の便が悪く、「陸の孤島」と言われ続けてきた。九州は概して西側が発展して、太平洋に面する東側は遅れをとった。本州とは反対で、九州は東側がいわば〝裏日本〟だった。九州の西側、北九州から福岡、熊本、鹿児島を結ぶＪＲ鹿児島本線は複線化が進んだが、東側の鹿児島から宮崎、延岡を経て大分、北九州とつながる日豊線は大半が単線のままだ。九州新幹線も西側に整備され、二〇一一（平成二十三）年三月に全線開通する。一方、東側では一九九六（平成八）年五月、ＪＲ日南線から枝分かれして宮崎空港線（一・四キロ）ができて、延岡からもＪＲだけで空港とつながったが、東九州新幹線計画はまだ具体化していない。西側の長崎と福岡を結ぶ西九州新幹線は二〇二二年九月、部分開業する。

高速道路網でも宮崎県南部の宮崎市や都城市と北部の日向市や延岡市では差がついた。九州自動車道のえびのインターから都城、宮崎までの宮崎自動車道は一九八一（昭和五十六）年十月に開通した。さらに九州自動車道のうち整備が遅れていた人吉インターとえびのインターが九五（平成七）年七月、開通したことで、宮崎、都城は福岡と高速道路でつながった。『北は夕暮れ、南は夜明け』。それが我々創刊時からの合言葉です」と松永社長。宮崎県は総称して「日向（ひむか）」

とも言われる。日向のイメージは朝日か。宮崎県の南部は夜が明けて、明るい未来が開けているが、北部は夕暮れで闇に向かう。その現実を見つめて打開しようという意味での「合言葉」。『夕刊デイリー』は、宮崎自動車道の開通が翌年に控えた一九八〇（昭和五十五）年三月から東九州自動車道整備に向けたキャンペーンを紙面展開する。「予定路線」に組み入れられ、「基本計画」ができ、「整備計画」へ。それぞれの計画区間の動きを追いながら、高速道路の必要性を訴えてきた。その記事本数は「一千本」に上ったという。

「陸の孤島」からの脱却。「それが地域をまとめて、我が社をみんなが盛り立ててくれました」と松永社長。そして二〇一六（平成二十八）年四月、東九州自動車道は、宮崎市から日向、延岡、大分を通って北九州まで開通した。複線化などの課題はあるだろうが、『デイリー』がことあるごとに訴えてきた高速道路がつながった。同自動車道は今後、宮崎市以南の整備が進む。以北の延岡にとっては熊本側とつながる九州横断自動車道延岡線の整備や東九州新幹線の実現化へ向けて、『デイリー』が地域を盛り立てていくことなるのだろうか。

多彩な地域貢献事業

『夕刊デイリー』という名前についても触れておこう。前項の『今日新聞』同様、名前からは、どこの地域の新聞なのかわからない。社を立ち上げた有志たちがいた『夕刊ポケット』も地域性が社名にない。松永社長によると、有志がこっそり旭化成の組合幹部らも交えて新しい新聞社創設を練っていた当時、社名も話し合って決めたという。『夕刊ポケット』になじんでいる読者にとって抵抗の少ないネーミング。組合幹部が発案したらしい。敢えて地域性も出さなかったのだろう。延岡からのスタートだが、将来は県境を越えて大分県側もエリアにするとか、県紙になるような構想ももっていたのかもしれない。確かに一時、宮崎市に進出しようという動きはあったらしい。

実際は地道に延岡で地歩を固めていく。創刊五年で部数二万部を達成した夕刊デイリー新聞社は五周年記念事業として一九六八（昭和四十三）年、延岡市医師会などとタイアップした財団法人「デイリー健康福祉事業団」を設立。地域の健康増進にための講座や紙面広報などを行っている。小中高での「学童心臓検診」と「学童腎臓検診」に対する費用も助成している。事務局は社の総務に置いている。

創刊十周年の七三（昭和四十八）年には「夕刊デイリー明るい社会賞」を創設。翌年から、さまざまな活動で地域に貢献している個人・団体を表彰している。二〇二一（令和三）年度は個人十三人、二団体を表彰した。県北のスポーツも盛り上げようと、卓球やソフトボールなどで「夕刊デイリー新聞社杯」を行っている。人気の高校野球は二〇〇五（平成十七）年から、個人の篤志が行っていた大会を引き継いで大きくした。毎年春に十数校が参加して四日間のトーナメント戦を競う。地域紙の一企業が展開する公式戦並みの大会。今や巨人のエース級・戸郷翔征投手も延岡市の私立・聖心ウルスラ学園高校時代、大会で活躍したという。

二〇一二（平成二十四）年二月にはコミュニティーＦＭ放送局「ＦＭのべおか」を開局する。コミュニティーＦＭは地元自治体が関与する例が多いが、「ＦＭのべおか」は夕刊デイリー社を中心に民間で設立している。午前七時から午後九時までの十四時間放送で、災害時などは放送時間を延長して対応する。その放送時間の多くは全国のコミュニティーFM局を支えるミュージックバード（東京）提供の音楽番組だが、朝、昼、夕方のそれぞれ二時間は夕刊デイリー新聞社内のスタジオから生放送している。延岡の暮らし情報などラジオと新聞がタイアップできるメリットはありそうだ。コミュニティーFMは出力が二十Wまでしか基本認められないため、電波が届く範囲は通常、半径十キロから十五キロ程度。「FMのべおか」の場合、受信エリアは延岡の旧市街地に限られているようだ。インターネットでも配信しており、全国で聴くことができる。しかし、災害時に威力を発揮するのはやはり、アクセスが集中しても影響ない電波（放送）だ。コミュニティーFM放送の存在感を増すには、中継局を設けるなどして、せめて延岡市内全域で聴取できるようにしたいところだ。紙のメディアとしては同市で圧倒的な存在感をもっているのだから。

HPに1日十本前後アップ

『夕刊デイリー』は、毎週日曜が休刊。祭日は発行するが、年末年始の四日間と五月のゴールデンウィークのうちの一日、八月のお盆の一日は休んでいる。日々の刷り出し（印刷スタート）は午後二時半が目標。「皆さん、今か今かと待っていらっしゃるので遅くとも午後六時までには届くよう努めています」と松永社長。委託している四十の集配宅から配達員が各家庭に届けている。折り込みのチラシはない。一時期、三年間ほどチラシを入れてみたらしいが、折り込む作業に手間取り、配達が遅れたため断念したらしい。購読料は税込みで月二千三百円。郵送は三千五百円だ。

紙面はブランケット判で十二ページが基本。カラー印刷も最大八ページ可能らしいが、カラー紙面の日はそんなに多くない。一面から二面、三面までは基本、地元のニュース。一面にはコラム「記者手帳」と、県北が生んだ歌人・若山牧水の短歌を一日一作紹介する「牧水のうた」の囲み企画が毎日掲載されている。牧水は現在の日向市で生まれ、尋常高等科と旧制中学時代は延岡で過ごした。三面には「110番　118番　119番」という小さなコーナーを設け、警察、海上保安、消防に関する情報を出している。時事通信社と一九八七（昭和六十二）年から配信契約を結んでおり、四面と五面に国政や経済、海外の多くのニュースを全面使って掲載。広告は基本、載せていない。いわゆる事件事故など社会面ネタも載せるが、短信扱いにすることが多いようだ。六面から八面までは地元の文化、教育関連の特集記事が多い。九面がスポーツ面で時事通信からの配信記事が大半を占める。十面は地元の暮らし情報、十一面と十二面はラジオ、テレビ欄で当日午後六時から深夜までと翌日の早朝から深夜までを掲載する。

宮崎県には民放テレビは二局しかない。ＭＲＴ・宮崎放送とＵＭＫ・テレビ宮崎だが、テレビ欄には地元のケーブルテレビ局「ケーブルメディア　ワイワイ」が放送している熊本県のＫＫＴ・くまもと県民テレビとＫＡＢ・熊本朝日放送の番組表も載せている。宮崎のＭＲＴはＴＢＳ系列で、ＵＭＫはフジテレビ、日本テレビ、テレビ朝日の三局をクロスネットしている珍しいローカル局で、放送の六割はフジ、三割が日テレ、一割がテレ朝という番組編成をしている。宮崎県民は日テレ、テレ朝の番組をあまり観ることができないため、「ワイワイ」は熊本県の日テレ系ＫＫ

T、テレ朝系のKABの放送も提供しているのだ。「ワイワイ」は旭化成と延岡市、日向市などが出資して、一九九一（平成三）年に開局している。夕刊デイリー社は経営に関与していない。休刊前の土曜付にはNHK総合とMRT、UMKの月曜の早朝から夕方までの番組表も載せている。

読者投稿欄や寄稿はあるが、社説はない。ページ数が二十ページを超える県紙ほどではないが、全体に広告は少なく記事量は多いことなどから、県紙や全国紙を併読する必要を感じない読者がほとんどとみられる。県紙、全国紙が加盟する日本新聞協会に二〇〇九（平成二十一）年に加盟している。地域紙で協会に入っているのは全国で二十二紙確認できる。九州・沖縄では『南海日日新聞』（鹿児島県奄美市）と『八重山毎日新聞』（沖縄県石垣市）、『宮古毎日新聞』（沖縄県宮古島市）の計四紙だ。

延岡市では『夕刊デイリー』創刊（一九六三年）後も、中堅どころの記者たちが抜けてしまった『夕刊ポケット』は発行を続け、ついに一九九二（平成四）年、廃刊する。廃刊時の部数は「三～四千部ぐらいだったのでは」と松永社長。「それでも二紙あったことで緊張感があって紙面が面白かった」という。『デイリー』一紙となって、「読者からも面白くなくなったと不満が聞こえました」と自戒を込める。

社員は七十二人（うち契約十九人）で、編集など内勤三人を含む記者は計二十三人でうち日向支社に三人、宮崎支社に二人、高千穂支局に一人いる。紙面に掲載される記事の三割ほどが時事通信からの配信で、残り七割がいわゆる地ダネだという。年間売り上げは八―九億円で六割が販売、四割が広告収入という割合になるらしい。

ＨＰには日によってばらつきはあるが、一日十本前後の記事を翌日午後アップしている。紙面より一日遅れるが、記事は紙面と同じ文字数で写真はすべてカラー（紙面は白黒が多い）。会員登録も不要で、全文を無料で読める本数の多さは地域紙では突出している。大判振る舞いのような印象を持つが、「紙面をＰＲするのが目的」（松永社長）という。ただ、印刷はできないよう仕組みをとっている。これも珍しい。紙面イメージも近くアップする準備を進めている。こちらは購読者専用とするつもりだ。今後、徐々に紙からネットへシフトしていく途上のようにも見えるが、松永社長は否定した。「紙でいくつもりです」という。一覧性のある紙という媒体の特長。「やはり紙で読むと、他のニュースの見出しにも目がいく。気付きがあります」。とは言え、同社も多くの全国紙、県紙同様、配達員の確保が難しくなってきている現実もある。「次の時代はネットになっていくかもしれません」と松永社長は語った。

二〇二三年は創刊六十周年を迎える。高速道路問題のように地域を盛り上げる紙面キャンペーンや地域の課題を掘り下げ、提起する記事はこれまで同様、力を入れるが、松永社長は「夕方、うちの新聞を読んでホッコリとしてもらえるような、地域に潤いを与える記事もふやしていきたい」としている。

第五章　日刊人吉新聞　熊本県人吉市西間下町

八万人暮らす盆地の情報源
「明日の郷土のたたき台に」

熊本県人吉市、県球磨総合庁舎隣に本社がある。コンクリート造り二階建て。両端がほんの少し上に湾曲した玄関ひさしの上に赤色でかかれた社名「人吉新聞社」。周りが駐車場で空間が広がっているせいもあって目に止まりやすい。「もう築五十四年。建て替え時期です」と四代目社長の石蔵尚之さん（五十七歳　一九六五年三月生）。初代社長の祖父・正次《まさじ》さんが一九五八（昭和三十三）年九月に創刊したときはＪＲ人吉駅近くだったらしい。六八（昭和四十三）年に現在地に移転し、今の社屋を建てた。まだ人吉周辺も、前項『夕刊デイリー』の延岡のように「陸の孤島」と言われていたころだ。

九州山地と霧島連山に挟まれた人吉盆地。昔から宮崎側と鹿児島側を山手で結ぶ往来の要衝だったが、急流で知られる球磨川が東西に貫流し、豪雨水害も耐えない。鎌倉時代から明治維新まで相良家が七百年間、代わらず治めた。こうした歴史、文化、地勢、そして道路事情の悪さなどから人吉・球磨地方も地域紙が育ちやすい独自の風土空間がある。ただ延岡とは違って人吉は早くに高速道路が整備される。福岡から九州の西側を南下してきた九州自動車道は熊本県の八代市

日刊人吉新聞

完全無罪の判決

殺人犯の汚名そそぎ

免田栄さん35年目に晴れて"自由"に

盆ちょうちん・精霊船

24日は土用丑の日です。

夏バテ防止にうなぎをどうぞ…

松田鰻屋

免田事件の再審無罪地裁判決を報じる1983年7月15日付

日刊人吉新聞

宿泊所とキッチン完成

人吉市「くまりば」3月から利用開始

青井地区 あすから計画案縦覧へ

5ヘクタール区域に国道拡幅

あすの天気

緑屋本店は健康で美味しい食品をお届けします。

『日刊人吉新聞』2022年2月21日付

石蔵尚之社長

日刊人吉新聞社

から東側の山手に入り、人吉を経由して、えびの方面に向かうルートとなった。その八代から人吉まで九州自動車道が開通するのが一九八九（平成一）年末。さらに人吉からえびのインターまでが九五（平成七）年に開通すると、鹿児島市と宮崎市ともつながった。同インターから宮崎方面と鹿児島方面へ二手に分かれたルートは既に供用していたからだ。

陸送がメーンの新聞の場合、道路事情が良くなると、地元の地域紙は全国紙、県紙との戦いに地の利だけでは生き残れない。「やはり、その地域で暮らす人々に、生き生きと暮らしていけるような情報を提供できるかにかかっていると思います。提供できる新聞社が生き残っていくでしょう」と石蔵社長。「さまざまな情報をどれだけ地域に特化できるのか。身近な問題として仕立てられるか。取材力が決め手になる」。石蔵社長はネット時代も見据え、コンテンツが勝負の分かれ道になると覚悟している。『日刊人吉新聞』の社是は「進歩と民主主義、地方自治を守る」。キャッチフレーズは「明日の郷土のたたき台に」だ。

『日刊人吉新聞』の部数は現在、約一万一千部という。二〇二〇（令和二）年七月、熊本県南部を襲った豪雨（球磨川流域だけで六千戸以上浸水、五十人が死亡）以前は一万二千から一万三千部あったが、仮設住宅への移転などで購読者が減り、ようよう持ち直してきたところらしい。最盛期は二〇〇〇（平成十二）年のころで、一万四、五千部あったという。販売エリアは人吉市のほか球磨郡の四町（錦、あさぎり、多良木、湯前）、五村（水上、相良、五木、山江、球磨）だ。この十市町村の人口、世帯数（それぞれ二〇二二年四月末か五月一日現在、多良木町だけは四月一日現在）を足すと、八万二千六十八人、三万五千八百十九世帯（うち人吉市が三万八百八十一人、一万五千二百四十一世帯）。『人吉新聞』の世帯に対するシェアは三〇・七％、およそ三軒に一軒が購読している計算になる。一方、県北部、熊本市に本社を置く県紙『熊本日日新聞』の人吉・球磨十市町村の部数は一万二百部（二〇二二年四月、総部数は二十四万二百六十三部）。拮抗している。

地域紙乱立を制す

『日刊人吉新聞』が創刊した一九五八（昭和三十三）年のころは全国各地に複数の地域紙が存在していた。人吉・球磨地方は十紙以上あったと、創刊時のメンバー・伊勢戸明さんは地域情報誌『週刊ひとよし』のコラム「くま春秋」（二〇〇三年九月二十八日付）に書いている。多くが週刊や旬刊、あるいは季刊だったと思われるが、寄付や広告目当ての「新聞」もあったようだ。そのなかで『人吉新聞』は、「〝誰にも迷惑をかけない新聞〟たるべく『進歩と民主主義』という旗印をかかげて」いたという。しかし、伊勢戸さんも創業社長となる石蔵正次さんも大分県からやってきたヨソ者だった。人吉盆地という当時はまだ閉鎖的な地域社会のなかに割って入るのは大変な苦労があっただろう。

当時、伊勢戸さんは二十五歳。大分県別府市の『今日新聞』記者だったようだ。その伊勢戸さんを誘った石蔵正次さんは当時四十一歳、別府市に駐在する記者だったようだ[1]。そんな大分県在住の二人が阿蘇山、国見岳の九州山地を越えて、なぜ人吉盆地で新聞を出すことになったのか。孫の現社長・石蔵尚之さんによると、正次さんは折から勤めていた新聞社の経営陣のごたごたに嫌気をさして退職していた。人吉には妻・時子さんの姉妹が暮らしていたらしい。創刊までのいきさつは、伊勢戸さんが地域情報誌『週刊ひとよし』に書いたコラム「くま春秋」（一九九八年九月六日付、二〇〇三年九月二十八日付、二〇〇七年九月九日付）に出てくる。人吉に住むある人物が新聞発行を計画し、正次さんに手助けを求めたらしい。正次さんと伊勢戸さんは一九五八（昭和三十三）年の七月下旬、新聞開設準備のため人吉入りする。ところが計画はいっこうに進まず、

1　孫の現社長・石蔵尚之さんは「『夕刊フクニチ』の別府支局長」と伝え聞いている。『人吉新聞』を紹介した『新聞のある町』（四方洋著）も「『フクニチ新聞』の記者であった。別府支局を最後に人吉に来て」と記している。しかし、日本新聞協会編集の『日本新聞年鑑』一九五七年版、同五八年版に記載されている夕刊フクニチ新聞社（福岡市）のデータでは、福岡県以外の九州内支局・通信部は長崎県と佐賀県内だけで、大分県内にはない。福岡県内に本社のあった『西日本新聞』と『新九州新聞』は別府に支局（通信部）があったようだ。フクニチのOBらが著した『光芒！　フクニチ新聞』にも大分県内に取材拠点があったという記載はない。一方、『人吉新聞』創刊号に掲載されている熊本県球磨事務所長の祝辞には「多年夕刊フクニチの別府支局長として活躍中であった」とある。

二人は雑用を言いつけられるばかり。業を煮やした正次さんが自ら新聞を発行することを決める。九月になると、そんな正次さんを意気に感じた地元の印刷業者が協力を申し出てくれたらしい。

正次さんと伊勢戸さんは新聞をタブロイド判の表裏二ページ、週刊で出すことを決める。一面トップのニュースは翌年四月の統一地方選挙で人吉市長選に出馬が取り沙汰されていた六人の動向を探る記事に仕立て、九月十五日創刊で準備を整える。そのさなか、市内にある青井阿蘇神社（二〇〇八年に国宝指定）横の営林署長官舎玄関前で無理心中事件が起こったらしい。創刊六日前の九月九日、二人は事件を報じる号外チラシを作り、新聞創刊の予告もちゃっかり入れ込み、街に繰り出す。にわか雨のなか、正次さんの妻・時子さんも動員して、市内三つの橋のたもとで道行く人に配ったという。正次さんにはトップ屋的なセンスがあったようだ。伊勢戸さんは、「大先輩」の正次さんを評して、「相手構わず噛みつくというので『はしか犬』と罵られ」た、とコラムの中で紹介し、「決して屈することなく『守旧』を打破し続けた」と敬意を表わしている。盆地社会でヨソ者記者二人の踏ん張りは徐々に実を結んだのだろう。創刊からちょうど一年後の五九（昭和三十四）年九月十五日付からは日刊（夕刊）に切り替えた。翌年には印刷工場も造り、自社印刷を始める。そして六八（昭和四十三）年に現在地に新社屋を完成させ、七二（昭和四十七）年、株式会社を設立（現在、資本金一千万円）。八一（昭和五十六）年から現在と同じ八ページ建てにして、八七（昭和六十二）年、免田町（現・あさぎり町）に球磨総局を設ける。翌八八（昭和六十三）年、二代目社長に正次さんの長女・美佐子さんの夫・昌祐《まさすけ》さんが就任し、正次さんは引退する（一九九七年死亡　享年八十歳）。昌祐さんは九六（平成八）年、病気のため五十五歳で死亡し、美佐子さんが三代目社長となる。長男の尚之さんが四代目となるのは二〇一一（平成二十三）年で、美佐子さんは翌年、六十八歳で亡くなった。

一方、伊勢戸さんは一九九六（平成八）年、専務取締役で退職するまで、一面コラム「瀬音」を書き続けた。翌九七（平成九）年に地域情報誌『週刊ひとよし』を創刊し、コラム「くま春秋」を執筆。二〇一〇（平成二十二）年、七十七歳で亡くなるが、地元有志らが「くま春秋」を精選して本を出そうという話になり、『くま春秋　人吉・球磨を見つめつづけて』を一三（平成二十五）年、人吉中央出版社から上梓する。その本の「あとがきにかえて」で、次女の伊勢戸まゆみさんは、保守的で閉鎖的な盆地の城下町でヨソ者が新聞を出すことなど「考えられない土地柄」だったと振り返り、次のように続ける。「ところが結果的に人吉・球磨は、その無謀ともいえる行動を、じっくりと時間をかけて懐深く受け入れてくれたのだった。父たちがめざしたものは単なる情報紙ではなく、地域の政治、経済、文化、教育、暮らしを論じ、発信するものであったから、地元の人たちにとっては耳の痛いこともしばしばであっただろう。何にでもかみつく『はしか犬』と言われていたとは父の死後に知ったことだが、まさに言い得て妙である。そんなはしか犬を簡単に切って捨てず、まずは受け止め、反論し、あるときは教え諭すなかで、深い信頼関係が生まれていったのではないだろうか」。ヨソ者ゆえの地域に対する視点を持ちながら、その地域にともに暮らす日々。客観性と共同性。地域紙が地域とともにある意義が書かれていた。

タブロイド判、地ダネで八ページ

『日刊人吉新聞』は基本八ページ建ての夕刊。創刊以来、タブロイド判を維持している。これまで見てきた『島原新聞』(二ページ)、『有明新報』(六ページ)、『今日新聞』(四ページ)、『夕刊デイリー』(十二ページ)は、通常の新聞と同じ大きさ、ブランケット判だった。タブロイド判はブランケット判より一回り小さく、フリーペーパーなどによく見られる。地元に特化したニュースを掲載するのに大きな紙面では余る。夕方、団らんのなかで膝の上で広げて読める。読んだ記事から話に花が咲けばいい。創業者の石橋正次さんにはそんな思いがあったらしい。孫の現社長・尚之さんは「紙面編集にはブランケット判の方が組みやすいなあと思ったこともありましたけど」と言いながら、祖父の思いを受け継いでいる。

毎週日曜のほか月に一回程度休刊日を設けている。購読料は税込みで月二千百六十円、郵送は二千八百九十五円。一万一千部の刷り出しは午後三時ごろからで、人吉市内分に関しては委託している配達員たちが直接、本社に取りに来る。あさぎり町にある球磨総局と残り八町村九カ所の取次所には本社から新聞を運搬し、それぞれ地元の配達員に来てもらう仕組みだ。配達員の総数は百二十人から百四十人ほどになるという。取次店はクリーニング店だったり、ラーメン店だったり、商店などさまざまらしい。社員はパート十一人を含めて四十三人。うち球磨総局には五人勤務する。取材記者は七人で、総局に二人配置している。通信社からのニュース配信は受けていないから、紙面の価値はこの七人の記者の双肩にかかっている。

基本、八ページ建ての紙面(日曜付休刊のためテレビ欄が二日分必要な土曜付は増ページ)。カラー印刷も可能だが、印刷機は輪転機ではなく一枚一枚刷る枚葉機のためフルカラーにするには紙を二回通すことになるらしい。不定期で月に一、二回カラー刷りしているという。一面はトップニュースのほかに一本ないし二本の記事。管内の行政や民間の翌日の催し告知も載せる。伊勢戸さんが長年担当したコラム「瀬音」は、今は記者が持ち回りで書いているらしい。土曜付は「土曜レポート」として、一面全部を使って地元の話題や課題を紹介することが多い。一九八三（昭和五十八）年七月十五日付は、この日午前、熊本地裁八代支部が出した免田事件の再審無罪判決を、全面を使って報じた。地元関係者の声として、八代支部が行った現地調査で自白調書通り、〝逃走〟する役を務めてみて、自白が事実に基づかないのでは、と実感したという役場職員のコメントを紹介している。

二面は柔らかい町ダネが多く、管内十市町村長の翌日の動向、地元青果市場の当日の取引結果など。三面は球磨総局管内の話題を取り上げている。二〇二一（令和三）年十月七日付から同九日付の三日間は、「夫婦で歩んだ半世紀」として、人吉市を含む十市町村で金婚式を迎えた夫婦二百一組の名前、年齢、集落名（字名）を掲載している。連日、一組だけは写真付きで夫婦のなれそめや五十年間の暮らしぶりを紹介した。四面は、政治やプロ野球の裏話、連載小説などを内外メディア通信社（横浜市）から、お薦めテレビ番組を東京ニュース通信社（東京）配信分から活用するほか、球磨弁を紹介する小さな囲み「球磨弁珍語録」が長期連載で続いている。五面から六面は街角情報や話題ものが多い。七面はいわゆる社会面で、事件事故を含めた社会ネタだ。

七面肩の四コマ漫画は、『有明新報』『今日新聞』『南海日日新聞』など他の多くの地域紙同様、木崎征夫氏の作品（作家名は木崎ゆきお、きざきのぼるなど使い分けていた）を掲載してきた。

氏が二〇二二（令和四）年四月、七十九歳で亡くなったことから、六月からは文芸事務所三友社（東京）を通じて、あしはらたいじ氏の四コマ漫画の掲載を始めた。この文芸事務所三友社も内外メディア通信社同様、全国の地域紙などに話題ものの記事などを配信している。最終面八面は東京ニュース通信からのテレビ番組欄。四面と八面をのぞく六ページを埋める地ダネの記事は一日十五本前後から二十本前後になる。七人の記者たちは忙しい日々を送っていると想像がつく。ただ記事にその記者の署名があるのは「土曜レポート」ぐらいだ。これは他の多くの地域紙でも言えることだが、地ダネの記事にほとんど署名がない。全国紙や県紙は署名記事が増える傾向だ。記者と読者との距離が近い地域紙ならではの難しさがあるのかもしれない。しかし、地域紙こそ一本一本の記事に署名を入れて、文字通り「顔の見える」地域との関係を築く、そんな覚悟があってもいい。

『朝日新聞』と連携

二〇二〇（令和二）年七月、熊本県南部の豪雨で球磨川が氾濫した際、社員五人と石蔵尚之社長の自宅は浸水したが、新聞社は免れた。被災状況や営業している温泉施設など住民に必要な具体的な情報を報じた『人吉新聞』を社員総出で十カ所の避難所に無料配布したらしい（『産経新聞』二〇二〇年七月十五日付）。『朝日新聞』は熊本県版で人吉新聞社の記者が早朝から被災状況を取材して見聞した被災初日の様子を記事にして、写真も一枚、人吉新聞社から提供を受けた（二〇二〇年七月五日付）。新聞社同士のこのような連携はその場限りでもありうるが、朝日新聞社と人吉新聞社は二〇〇〇（平成十二）年十月、正式な提携を結んでいる。読売新聞社が前述したように『今日新聞』など複数の地域紙に格安で記事を配信しているのは収益を求めてというより、戦略上の意図があるとみられている。今回の朝日新聞社と人吉新聞社の場合、『朝日新聞』熊本県版に載った記事などを『人吉新聞』に提供するほか取材全般で相互に協力するという内容（『朝日新聞』二〇〇〇年九月二十六日付）。料金は発生しない提携だった。当時の朝日新聞社熊本支局長[2]は「全国紙と地域紙という性格の違いを生かしつつ、新しい友人たちと地域への貢献を果たしたい」とコラム「偏西風」に書いている（二〇〇〇年九月三十日付）。

熊本県の平成の大合併第一号、免田町と周辺の四村が合併して「あさぎり町」が誕生することになった際は、合併前年の二〇〇二（平成十四）年五月、両社の共同企画で五回の連載記事を出している。二〇〇六（平成十八）年度は、春、夏、秋、冬の季節点描をそれぞれ五回共同連載。JR肥薩線沿線の話題を共同で追った七回連載は二〇〇八（平成二十）年八月下旬から九月初めにかけて行った。これら三つの共同企画の記事は、『朝日新聞』は熊本県版に掲載した。違う県の県紙同士が共同企画して同じ記事を同時期に掲載することは時々あるが、同じエリアで配る新聞同士では珍しい。『朝日新聞』と『人吉新聞』を併読している住民は多くないことが前提になる。「以前は熊日（熊本日日新聞）さんと併読する家は多かったようです」と石蔵尚之社長。人吉・球磨地方のニュースに特化した『人吉新聞』と、熊本県内のニュースだけでなく全国、全世界の出来

[2] 朝日新聞社は二〇〇三年一月から「熊本支局」を「熊本総局」に名称を替える。

事やスポーツニュースも掲載する共同通信社加盟の『熊本日日新聞』だ。「でも、購読料値上げなどを経て今は一紙だけの家が大半かもしれません」

人吉新聞社は熊本県庁の県政記者クラブに入会していない。しかし、二〇二〇（令和二）七月の県北部豪雨による球磨川氾濫で人吉駅を含む大半の区間が不通になったままのJR肥薩線の復旧問題や、いったんは計画中止となったが豪雨を受けて「流水型治水ダム」として建設計画を望む声が出始めた川辺川ダム問題など熊本市などに出張取材に行くことは多いらしい。同市にある熊本地裁で開かれる人吉・球磨地方絡みの裁判にも出かける。その際は司法記者クラブ用の記者席を朝日新聞社に融通してもらうこともあるという。提携を受けて『朝日新聞』に掲載された記事や写真をもらったこともあるらしい。

徳仁《なるひと》皇太子が天皇に即位し、元号も平成から令和に替わった二〇一九年五月一日付の『人吉新聞』一面は地ダネで記事を作ることはしなかった。『人吉新聞』読者にとっても関心が高い新天皇の即位と改元。事前に時事通信社に相談し、記事と写真の配信をこのときだけ受ける単発契約を結んだ。「時事通信配信」などといったクレジットは不要で、データはメールでもらったという。

子育て、経済関連記事に活路

人吉新聞社の年間売り上げは三億円ほど。販売収入が六五%、広告が三五%ぐらいの割合だという。「広告が五〇%以上のころは売り上げも四億円いっていました」と石蔵社長。フリーペーパーの月刊情報紙『ムース』を二〇〇一（平成十三）年から一〇（平成二十二）年まで九年間発行したらしい。新聞販売エリアの人吉・球磨地方だけでなく西は水俣、芦北、北は八代、南は宮崎県のえびの、小林、鹿児島県の伊佐まで各所に配置して、計三万部まで拡げた。『ムース』を足がかりに『人吉新聞』の販売エリア拡大につながれば、という狙いもあったようだが、「ずっと赤字でした」と苦笑の石蔵社長。ケーブルテレビやコミュニティーFMを人吉・球磨地方に開局しようという話も過去、あったという。しかし、さまざまな事情で計画は頓挫した。人吉新聞社は文字通り、新聞で生き残る道を歩んでいる。

『日刊人吉新聞』に社説はない。創業者の石蔵正次さんは「うちは社説を書くような新聞ではない」とかたくなだったという。「読者の生活のたたき台になれば」と、読者が考える手立てになる日々のニュースを提供することにこだわったらしい。そのためにはニュースのその後を追跡取材したり、地域の課題を調査報道するなど「掘り下げた記事、読み応えのある記事が必要」と石蔵尚之社長。ただ、日々のイベントや発生ものの取材に追われる現実もある。同紙も購読者の多くは年配者が占めるとみられるなか、若い読者をいかにしてつかむか。子育て世代は福祉や教育の問題に関心がある。温泉、川下りなど観光を含めた人吉・球磨地域の振興につながる経済問題にも需要があると石蔵社長はみている。「昔のように地元の政治のことを書けば売れる時代ではありません。経済欄と子育て欄を充実させていくことが読んでもらえるための条件では」とみている。そうした若い読者獲得の入り口としてデジタルをどううまく活用できるか、もカギとなりそうだ。

石蔵尚之社長は四人兄弟の長男。二歳下の妹、長女の知子さん（五十四歳　一九六七年八月生）は宝塚歌劇団の頂点、「トップ・オブ・トップ」と称された一人、轟 悠《とどろきゆう》さん。二〇二一（令和三）年に退団した。次男の宗久さん（五十二歳　一九七〇年四月生）は人吉新聞社の専務。三男・欣也さん（五十歳　一九七二年五月生）が取締役社長室長で、デジタルメディア担当だ。尚之社長とともに、紙を維持しながらのデジタルメディア戦略を練っている。現在、ＨＰには毎日二、三本のニュースをアップし、会員登録（無料）すれば全文を読むことができる。創刊以来の記事はマイクロフィルムに撮ってあったが、すべてデジタル処理も済んでいるらしい。地域紙では先進的な取り組みだ。記者たちは過去記事の検索に活用しているという。データベースとしてネットでの商品化することも可能だろう。動画配信も戦略のなかにはあるようだ。「新聞社がもつ財産をどれだけ楽しんで読んでもらえるコンテンツにするかが勝負だと思います」と石蔵社長。人吉・球磨地方で六十年以上、積み重ねてきたニュース、情報の集約、培ってきた人脈、その土地ならではの取材ノウハウなどを生かしながら、これからの『日刊人吉新聞』のありようを探っている。

第六章　南九州新聞　鹿児島県鹿屋市上谷町

大隅文化に誇りを
「地域人として独立した言論」

鹿児島県の地方紙（県紙）である『南日本新聞』（本社・鹿児島市）もでかい名前だが、「南九州」というのも、「でかいですよね」と笑う米永新人《あらと》社長（六十五歳）。「親父にはそれだけの思いがあったのでしょう」。『南九州新聞』は米永さんの父・代一郎《だいいちろう》さん（一九二六年三月生）が一九五五（昭和三十）年五月に立ち上げている。創刊七十周年が近づく今も部数はでかくないが、いや少ないが、大隅半島唯一の日刊紙として大隅の人々の暮らし、文化を育み、発信している。

創刊時は『社会新報』と題していた。米永代一郎さんが、千葉県庁を辞めて帰省し、同年四月に実施された鹿児島県議会議員選挙に鹿屋市区から社会党左派公認で立候補した。が、落選する。生まれ故郷とは言え、帰省後まもない当時は、まだ知名度のない若干二十九歳。捲土重来を期そうと考えたのか、「自らが戦いの武器を持つための新聞発行に行き着いた」[1]らしい。後に雑誌『企

1　米永代一郎さんが残していた創刊時を振り返った手記から。長男の新人さんが書棚から見つけて、『南九州新聞』創刊五十年記念号（二〇〇五年一月一日付）に掲載した。

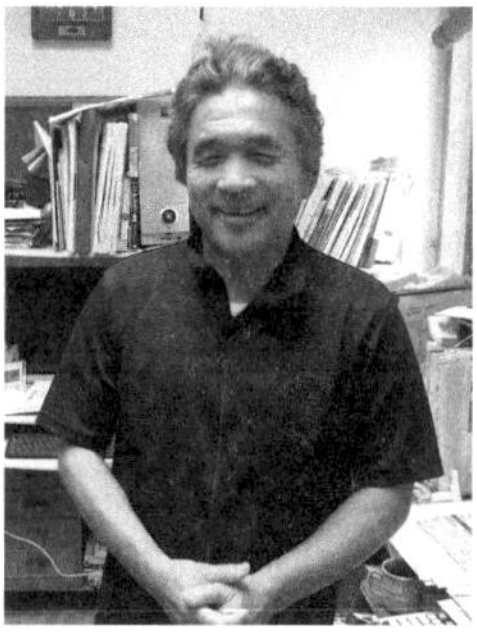

米永新人社長

南九州新聞社の職場

発行所 南九州新聞社
鹿児島県鹿屋市上谷町9-5-5
電話0994-42-3544
FAX0994-42-3543
購読料 1ヶ月 1,950円
郵送地区 2,600円
配達に関する問い合わせ
販売局電話0994-41-2762
日刊（但し日曜・祝日休み）

南九州新聞

2021年 令和3年 4月10日（土） 第17821号

購読のお申し込みは
電話0994-42-3544へ
情報の提供やご意見は
ara3544@gmail.com

シリーズ 大隅ひむか物語 1
南九州の神話を大隅の地から紐解く

私たちの住む大隅半島は、今、農林水産業の第一次産業が盛んで、日本一、日本有数の食材があり豊かな地となっている。ただ、高速交通網等が整備されていなかった中では、陸の孤島とか揶揄されてきたが、それでは古代はどうだったのだろう。当時の交通は船が主流で、内之浦湾や志布志湾の河口を中心に、黒潮に乗って南方から畿内を結ぶ重要な港となって中世までその繁栄は続いた。そうした歴史を考えたとき、南九州の神話は、この大隅も燦然と輝いて大隅隼人が活躍している。大隅を舞台にした神話なのに、大隅半島目線で書かれたものは少ない。そうしたことをこのシリーズで紐解き、神話の中の神武東征を大隅半島を舞台に組み立てて、南九州のひむか神話の本当の姿をここに記してみたい。ここに住む人たち、特に子や孫の世代に誇りや自信を持ってもらえるように…。

はじめに

この大隅半島には、高屋山上陵跡、吾平山上陵、大隅隼人、有明（志布志）湾岸沿いに広がる古墳群などの歴史が存在し、古事記・日本書紀（＝記紀）に関する遺物や口伝等が残されている。

記紀では、出雲神話が国譲物語、日向（ひむか）神話が降臨物語として書かれており、ひむか神話は南九州を舞台に展開されているが、しかし現在は、宮崎県に日向市があることもあって、ひむか神話は宮崎県の物語になっているようだ。

神武東征は肝属川河口からが自然

ここで何を書き綴り、何を訴えていきたいのかというと、本当はこの大隅半島周辺に天孫降臨ということ組み立てていきたいとも思っている。しかしそこに言及していくと伝えたいことの焦点がボケてしまうので、ここでは百歩譲ってその歴史の一端、神武天皇は肝属川河口から東征していったということに的を絞って話を進めていきたい。

宮崎で伝えられているひむか神話、高千穂に天孫降臨があったということを前提に、その後南下して都萬神社、宮崎神宮、日南の鵜戸神宮等で物語が創られている。

宮崎・鹿児島は同じひむか国

またそれから、今度はかなり北上して日向近く100㌔以上離れた美々津港から神武東征があったとしている。宮崎県としては同一県内で完結するような形にしたかったのだろう。

しかし、神話が創られたころは、この南九州は広い範囲で同じ「ひむか国」だった。今の自治体割りで考えたほうが宮崎県全体として発信しやすいのだろうが、当時はそうしたことは関係なしに、今の串間市や志布志市、有明湾では同じ部族、同じ生活圏で、それぞれの権力関係はあったのだろうが自由に行き来していたはずである。特に有明湾には本土最南にある前方後円墳、塚崎古墳群から唐仁古墳群、横瀬古墳、そして今はボルベリアダグリになっている飯盛山古墳が肝付町、東串良町、大崎町、志布志市と別々の自治体で連なっている。

今の県境で考えるのでなく南九州の王権の存在

今の鹿児島と宮崎の県境でも、そうした考えで同じ県内で出航に値する港を探してというのでなく、ごく自然に日南からもっと南下して物語が創られたとも考えたほうが分かりやすくないか…という疑問をずっと持ちつつ、そういった考え方を整理してみた。

倭寇、水軍本拠地だった肝属川河口

有明湾岸沿いの歴史を振り返ってみて、古墳が連なり地方豪族が大きな影響力を持っていた。

この時代、大和朝廷で統一される前の日本は全国各地に、それぞれの王（首領）がいて地域を支配していた。この大隅半島では海の民との交わりがあり、肝属平野の肥沃な土地とともに栄え、そうしたことを背景に、倭寇、水軍の本拠地であった肝属川河口から東征していったと考えることは、何ら不自然なことではない。それどころか古代の歴史にこの大隅半島の海賊、大隅隼人が大きく関わっていたということは、その後の肝属川河口周辺の歴史でも確認され、畿内との関係も深く、最近の東九州自動車道建設工事による数々の遺跡発見で、その存在が証明されつつある。そうしたことも新たな発信として綴っていきたい。

ここでは、日向国と日向神話を、「ひむか」とし、志布志湾を当時の有明湾として表記していくことにした。

（米永）

（次回から3面に掲載）

大隅半島の歴史や文化での知見、発見等、本紙紙面で共有できるものがありましたらお知らせください。取材し掲載いたします。ara3544@gmail.com へ。

『南九州新聞』2021 年 4 月 10 日付

南九州新聞社

業と人材』一九九五年二月五日号（産労総合研究所）には「議員になれなかった分、自らの言論を地域の皆さんとともに打ち立てたい、そのために新聞創刊という思いに変わっていった」と記している。地域社会を良くしたい思いでペンを執ったのは間違いないのだろう。

在野の精神、存分に

創刊号には「はじめのことば」として、米永代一郎さんの思いが記されている。「ひとびとの声は職業や地位などにかかわりなく、素直にとりあげられ、事実はまげられることなく、公平に知らされ、言論は抑圧されることなく、自由と真実に基づくことを自ら求めている」「声なきひとびとの声をひろく結集して、日常の生活のなかから、偽わりない自らの言論をうちたてることは、つねに苦しめられ、抑えつけられてきた、民衆の切実なる要求である」

旬刊でガリ版刷りのタブロイド判、表裏の二ページ（創刊号だけは四ページ）。一人で取材し、刷って自転車で配達したが、旧制鹿屋中学校時代の同級生らが手伝ってくれたという。市議会を詳報するなどして、まもなく一千部を発行しているようだ。

創刊から二年後の一九五七（昭和三十二）年五月一日、『南九州新聞』に改題し、機関紙的な色合いから一般紙に脱却、タブロイド判二ページのまま夕刊の日刊紙に移行した（土日祭日は休刊）。読者に支えられたおかげで、『大きな隅っこ』と言われた大隅に一つもなかった日刊紙誕生」につながったと、改題創刊号に記している。「平和と民主主義を守り、文化日本の建設に努力する」などとする「社是」も掲載し、「編集綱領」には、「紙面企画の重点を大隅半島を中心とする南九州の産業の開発と文化の向上におく」「報道は正確、公正、迅速を旨とし、正誤の訂正は素直に行う」などと認めた。「働くものの祭典、メーデーに、ほのぼのとした希望にみつる『南九州新聞』を発足させることは喜びにたえない」と改題創刊の辞を締めている。ここまで在野の精神が醸し出される地域紙は珍しい。個人経営的な身軽さも影響していたのだろう。

まちづくりを提言

米永代一郎さんは戦後まもなく、鹿児島県立工業専門学校（現・鹿児島大学工学部）建築科を卒業し、当時、千葉市にあった東京大学第二工学部建築学科の聴講生、選科生を経て千葉県庁に入庁している。その間、『明日の鹿児島を描く』（鹿屋読者会、１９４７）、『鹿屋の生態』（鹿屋読者会、１９４８）、『青春の建築』（南日本建築文化会、１９４９）など都市計画に関する本を出していた。『南九州新聞』でもその博識を生かし、「せまくるしい鹿屋の街路」「未完成都市としての期待」など鹿屋のまちづくりに関して度々、社説で筆を執った。

日刊になって印刷は業者に委託したが、七三（昭和四十八）年五月、印刷機を導入し、有限会社を設立。七七（昭和五十二）年には、紙面をタブロイド判のまま四ページ建てに増やした。同時にラジオ・テレビ欄も初めて設けたが、わずか半年でやめている。かつて、新聞を購読する理由に「ラテ欄を見たいから」というのがあったが、『南九州新聞』の数千人の読者は全国紙や地方紙との併読も多かったのかもしれない。読者が求めるのは鹿屋・大隅の情報だった。

米永代一郎さんはそれに応えるべく、鹿屋市の歴史を二十年近くかけて連載する。市の誕生から敗戦、そして警察予備隊発足から海上自衛隊の鹿屋航空基地の設置、高隈村の編入などをテーマに健筆を振るった。連載後は、『鹿屋市の年輪』として計九冊の単行本として出版もした。さらに「半世紀の鹿屋航空隊」も連載、こちらは三冊の本にまとめた。戦前からの軍都・鹿屋の町は航空隊を抜きには語れないという思いがあったようだ。

一九九六（平成八）年十月、死亡する。七十歳だった。その十年ほど前から仕事を手伝っていた長男の新人さんが社長に就任する。新人さんは一九五七（昭和三十二）年十二月生まれ。その二カ月前の同年十月、人類最初の人工衛星「スプートニク」の打ち上げにソ連が成功し、大きなニュースになった。さらに翌十一月には犬一匹を乗せたスプートニク２号にも成功したばかりだった。「親父は、新しい時代の新しい人類という意味を込めて命名したようです。新聞にも引っかけたのかもしれません」と新人さん。

新聞発行に向き合う〝新人〟

小学校のころから父親のつくった新聞を配達していた新人さんは、甲南大学（神戸市）法学部を卒業後、マスコミ各社を受験するが、落ちる。東京の法律事務所で働きながら司法試験に五回挑戦したところで、父親の代一郎さんが設立した「鹿屋上谷スポーツクラブ」の運営を頼まれて一九八五（昭和六十）年暮れ、帰省した。

代一郎さんは、木工職人だった祖父・喜一郎さんが残した土地の一角にマンションも建てて経営していた。そのマンションの住民の一人で、当時、鹿屋体育大学の教授だった体操の五輪金メダリスト、小野喬《たかし》さんから器械体操のスポーツクラブ設立を持ちかけられたらしい。しかし、利用者は少なかった。「すごい大変でした」と新人さん。エアロビクスやジムなども取り入れ、試行錯誤したが、「十年ほどで」潰れる。スポーツクラブ運営の傍ら、新聞作りも手伝っていた新人さんは父親・代一郎さんが亡くなって、『南九州新聞』に新たな一手を打つ。

二〇〇〇（平成十二）年四月から、タブロイド判だった紙面を通常の一般紙と同じブランケット判に大きくする。ページ数は同じ四ページ、紙面に余裕ができたことからテレビ欄も設けることができた。読売新聞社から記事の配信も受けて、国政ニュース、海外ニュース、スポーツニュースなども掲載した。配信料は、『今日新聞』の項で触れたように、共同通信社や時事通信社からの配信料より格段に安かった。夕刊紙のまま、購読料も、配達エリアの鹿屋市内が月千九百五十円（税込み）、垂水市、志布志市など郵送が二千六百円（同）のまま据え置いた。この料金は今も変えていない。部数は当時、三千部近くだったようだ。

しかし、この新たな挑戦は部数増にはつながらなかった。「世界中、日本中の情報がネットで入ってくる。紙面で紹介することもない」「地元大隅のことを、書きたいことを書いて、それでいいと思いました」と新人さん。〇九（平成二十一）年九月に再び、タブロイド判四ページに戻し、テレビ欄もやめた。代わりに地元のコミュニティーFM「おおすみFMネットワーク」の番組表を掲載するようにした。

一面は基本、地元・大隅の話題ものや懸案事案のニュース記事一本で埋める。代一郎さんから引き継ぐ在野精神は生きており、〇七（平成十九）年二月、鹿児島地裁判決でずさんな捜査の違法性が断罪された志布志事件（県議選で公職選挙法違反の罪に地元住民十二人が問われた）にもいち早く関心を持ち、〇三（平成十五）年七月、逮捕された住民の家族が無実を訴える会見を写真入りで大きく報じている。大手のメディアが捜査を問題視するのは、〇五（平成十七）年二月、テレビ朝日の「ザ・スクープ」が最初で、その後、『朝日新聞』が〇六年一月からキャンペーン報道し、地元ローカル局・KYT鹿児島読売テレビと続いた。地元の県紙『南日本新聞』は出遅れた。

代一郎さんがフォローし続けた海上自衛隊鹿屋航空基地についても関心をもった報道を随時、展開している。一九（令和一）年九月から鹿屋で始まった在日米軍の空中給油機訓練、さらに二二（令和四）年一月に明らかになった米軍の無人機部隊駐留計画などに対する住民団体の会見、申し入れなどを詳細に報道している。社説はなく、二面に「雑草」のタイトルで記者が時事問題などのコラムを書いている。コラム以外は、一面からの記事が続いたり、話題ものを一本置く。

「大隅から神武天皇、東征」

「南（『南日本新聞』）にも出ないようなネタを拾って出す。でないと売れません」という新人さんが今、自ら執筆して力を入れているのは二一（令和三）年四月から毎週土曜付の三面（初回だけ一面）に掲載している「大隅ひむか物語　南九州の神話を大隅の地から紐解く」だ。宮崎県の日向や高千穂を舞台にして語られることの多い神話だが、神武天皇の東征は鹿児島県の肝属川河口からスタートしているのでは、という仮説を説こうと試みている。県都・鹿児島市のある薩摩半島より出遅れているると言われる大隅半島にもっと光を当てたいという思いからだ。

連載二回目（二一年四月十七日付）では、次のように記している。「鹿児島県自体が西高東低で、薩摩半島中心。特に島津藩や明治維新等の発信力が強く、大隅半島はその陰に隠れて表舞台に出てこないし、自らを自虐的な表現をしてしまうところがある。しかし、大隅半島の歴史も、これをしっかり学んでいくと、特に古墳時代を中心にした古代、そして倭寇や水軍、海の民としての肝付氏や禰寝氏[2]が栄えていた時代を検証していくと、島津に敗れてからは敗者の歴史としてその存在自体が否定されてはいるものの、島津氏が栄える前の鹿児島の歴史の中で、燦然と輝いている時代があった」。土曜日以外の三面はシリーズものの随筆や行政・経済団体の告知ものが多い。最終面の四面はイベントなどの告知のほか「おおすみＦＭネットワーク」の番組表、鹿屋市に届けられた新生児の誕生、お悔やみ情報、大隅地方の天気予報で埋まる。逮捕記事も載る。

大隅の歴史や文化、照葉樹で知られる自然の勉強会にも参画している米永新人さんは、「大隅は陸の孤島と言いながら、目線は皆、東京を向いていています。僕も昔はそうでしたが、自分の地域も知らないで、自分の地域を愛せない。足元をもっと見たい。地元に誇りを持ちたい。地域のなかに埋もれている宝を見出していきたい」という。

現在、部数は「一千部前後」。鹿屋市内には午後二時ごろから三時ごろにかけて四人の配達員が

---

[2] ねじめ・うじ。現在の南大隅町根占を拠点に鎌倉時代から南北朝、室町の戦国時代まで繁栄した大隅国の豪族（南日本新聞社刊『鹿児島大百科』などから）

配る。郵送は垂水市、志布志市を中心に、大崎、東串良、肝付、錦江、南大隅の各町にも役場などに届けている。部数としては決して多くはないが、七十年近く続く地域紙だけに「大隅半島の中で知らない人はいない」という自負はある。講師として呼ばれることも少なくはないようだ。社員は、かつて三千部近くある当時は活版要員などを含め十七人いたらしいが、現在は販売と印刷要員に計二人。記者と編集作業にはパート契約で三、四人が従事する。いずれも二十年ほど勤めており、かつては社員で活躍したが、七十代、八十代となって契約に切り替えた。記事の半分以上は米永さんが取材、執筆している。売り上げはかつて年七千五百万円あったらしいが、現在は二千万円未満という。販売と広告でほぼ半々らしい。

ネット時代だが、ネット上で『南九州新聞』を探すのは難しい。ネットへの取り組みはしてこなかったのだろうか。これまでホームページ立ち上げは業者に頼んで数回チャレンジしたらしいが、うまくいかなかったという。ただ、今はコンピューター内で紙面作りをしている以上、紙面イメージのデータはいつだって出せる。でも読者はやはり紙の新聞を欲している。紙は印刷して配送しなければならないが、紙面イメージだけで、ネットで販売できれば、コストも大幅にカットできるだろう。「いつかはその時期がくるはずです。それまで待ちます」

南九州新聞社は有限会社（資本金千八百万円）で米永さんは社長だが、そのうちに個人形態にするつもりのようだ。その布石として名刺は「社主」にしている。一方で理事長の肩書もある。社会福祉法人・円鏡福祉会だ。父親・代一郎さんが残した保育園のほか、二〇一三（平成二十五）年に老人ホーム「きずな」を開設している。二回結婚し、二回とも離婚。二度目の妻だった米永淳子さんは二〇(令和二)年の衆議院選挙鹿児島四区に鹿屋市議から社民党公認で立候補したが、落選。新人さんも陰ながら応援したようだ。子供は計五人。いずれも新聞には興味がないらしい。

米永さんは『南九州新聞』をやめるつもりはない。「新聞で儲けようなんて思っていません。儲けだったら別のことをやる」。「地域のなかで貢献できれば」というジャーナリズム的な思いが強い。父親・代一郎さんは亡くなる一年前、先述の雑誌『企業と人材』一九九五年二月五日号で、『南九州新聞』が成り立つのは、「最も良い読者層の、存在と支持を当てにしていられるという心強さである」と書いた。さらに続けて、「紙面づくりはその喜びと感謝であり、全国紙、ブロック紙、県紙などに報道されない、見逃され、若しくは故意に無視されていることで、しかも伝え、補わなければならないことを中心に構成している」。そして、「社会は変幻自在であり、出来事は絶えず発生し、それらを報道する唯一正しい方法などというものは存在しないだろう。いつも考えていることは、地域人としての言論の独立である」と結んだ。長男の新人さんは、その父の文章を『南九州新聞』創刊五十年目の二〇〇五(平成十七)年一月一日号の特集で紹介し、「今後も、地域人としての言論の独立を常に考え新聞を発行し、これからも、この大隅の地に南九州新聞があってよかったと心から言われるように努力していきたい」と認めた。創刊七十年が近づこうとしている今、その思いは変わらない。

第七章　南海日日新聞　鹿児島県奄美市名瀬長浜町

自然遺産のシマから世界へ
奄美の歴史、社会紡いで76年

宅配が基本の日本の新聞は、その販売エリアは道路事情の影響を受けやすい。道路のない海に阻まれた離島の場合は、いくら資金力のある全国紙や県紙と言えどハンディがある。部数をみてみよう。『南海日日新聞』は奄美群島を配達エリアにする奄美を代表する朝刊の地域紙だ。二〇二一（令和三）年八月一日現在、二万千二百部を発行している。群島十二市町村の世帯数は五万八千四百十二戸（国土地理協会二〇二一年四月調べ　人口は十万六千三十三人）だからシェアは三六・三％に上る。一方、県紙『南日本新聞』が奄美群島で配っている（本土から各島までは航空便）のはわずか千九百四十部で占有率は三・三％だ。この数字は南日本新聞社の関連会社・南日本新聞開発センターが公表している、破損部数も見込んだ折り込みチラシ利用者用のデータ（二〇二二年四月現在）なので、実際の部数はもう少し少ないかもしれない。『南日本新聞』の総部数は二十四万八千七百五部（二〇二二年一月、日本ＡＢＣ協会公表）だから、大半が本土での需要だということがわかる。

『南日本新聞』は奄美以外の離島では種子島と屋久島にも船便で配っている。この二つの島（四

あゝわれらは還つた
日本にかえつた
長かつた八年、今はユメ
午前零時世紀の號報
さようなら沖縄
池畑琉銀総裁解任

本土復帰を報じる 1953 年 12 月 25 日付

南海日日新聞
廃校跡にオートキャンプ場
再生エネ活用、集落民が運営
瀬戸内町西古見
防災ラジオ50台配布へ
緊急情報受信、試験運用
原油輸入「国益基づき対応」
核研究施設攻撃を懸念
クルマに必要な費用をまるごとおまとめ
支払いが定額の ... オススメです!!
株奄美車検センター
Honda Cars 大島

『南海日日新聞』2022 年 3 月 8 日付

南海日日新聞社

村山三千夫社長

市町計二万千三百十三世帯、三万九千五百八十一人）で三千七百九十部に上る。種子・屋久は奄美より世帯数は少ないのに部数は多い。種子島、屋久島には島発の地元紙（地域紙）がないのが影響しているのだろう。ちなみに南日本新聞開発センターは全国紙の折り込みチラシ用部数も公表している。『読売新聞』（ＡＢＣ部数六百九十九万七千四十七部）は、鹿児島県内で二万二十部発行し、奄美群島では百八十部だ。『朝日新聞』（四百四十一万九千三百五十二部）は県内が一万二千六十部で、奄美では三百二十部出ている。『毎日新聞』（百九十六万百八部）は県内二千二百十部、奄美で五十部だ。

奄美大島では圧倒的な部数

奄美の島ごとの部数をみてみよう。『南海日日新聞』は本社がある奄美大島では一万五千六百四十部出している。島にある五市町村（奄美市、瀬戸内町、龍郷町、宇検村、大和村）の世帯数は三万三千五百五十九戸（人口は五万九千六百八十二人）だから、一世帯当たりの部数は四六・六％にも上る。ほぼ二軒に一軒は購読している計算になる。一方、県紙『南日本新聞』は六百五十部しか出ていない。喜界島（喜界町）では『南海』は千十部配達しており、世帯（三千七百四十四戸）に占める割合は二七％になる。『南日本』は二百三十部だ。徳之島（徳之島町、伊仙町、天城町）で『南海』は二千十部、世帯（一万二千二百十四戸）割合は一六・五％に下がる。『南日本』は五百六十部だ。沖永良部島（和泊町、知名町）では千四百二十部で、世帯（六千二百九十六戸）割は二二・六％。『南日本』は三百九十部。与論島（与論町）は『南海』が三百九十部、世帯（二千五百九十九戸）シェアは一五％、『南日本』が百十部だ。

奄美大島では圧倒的なシェアをもつ『南海』が、他の島ではシェアがぐっと落ち、県紙『南日本』との部数差も二ケタ違いから一ケタ違いに、与論島では同じケタになっている。なぜだろうか。『南海』は喜界島には朝イチの飛行機で運送。徳之島以南の各島には定期貨客船で運ぶ。名瀬港を毎朝午前六時前に出港し、徳之島の亀徳港に着くのが午前九時ごろ、沖永良部島の和泊港が午前十一時半ごろ、与論島の与論港には午後一時半過ぎに着く。一方、県紙『南日本』は全国紙とともに鹿児島空港から各島の飛行場に運送する。島によっては『南日本』の方が『南海』より早く着くようだ。いずれにせよ、奄美大島以外では地元紙『南海日日新聞』も朝刊ではないのだ。

海を越えられない紙の新聞ならではの宿命。超えるには現地印刷しかない。実は南海日日新聞社は一九七三（昭和四十八）年、徳島総局を徳之島町役場正面に移転・新築した際、徳之島での印刷も計画している。しかし、最終的にコストに見合わないと判断されたようで、総局裏の敷地は駐車場として貸している。現地印刷は実現しなかったが、奄美大島以外の奄美の島々でも県紙『南日本新聞』より総じて一ケタ以上多く『南海日日新聞』が読まれている事実は、地元紙（地域紙）の強さを感じさせる。

戦時体制に呑まれる奄美の新聞

奄美はかつて琉球王朝に緩やかに支配されていたが、江戸時代になって薩摩藩が琉球を制圧（一六〇九年）すると、薩摩藩の圧政の下に置かれる。いわば植民地化のような状態でサトウキビを無理やり作らされ、黒糖を生産。その大半を年貢としてとられた。黒糖地獄と言われた。薩摩藩はその黒糖を高くで売って収入を得る。明治維新に向けた藩の倒幕資金にもなったとされる。その維新後も鹿児島県は奄美の黒糖の利権維持を画策するが、西南の役（一八七七年）で鹿児島県側が中央政府に敗れて、黒糖は自由に売買できるようになった。『改訂名瀬市誌　一巻』によると、奄美大島で初めて新聞が発行されるのはそれから三十二年後の一九〇九（明治四十二）年のことで、『大島新報』が名瀬で創刊される。月三回の発行だったようだ。この年は本土の日刊紙『鹿児島新聞』（鹿児島市）が名瀬に販売の取次店を開設している（『南日本新聞の百二十年』）。新聞需要の気運が高まっていたのだろう。『大島新報』創刊の翌年には『南島時報』が同じ月三回発行で出現する。その後、いくつかの新聞が出没するが、『大島新報』は生き残り、基本、二紙は存在する格好だった。『大島新報』は、『大島時事新報』そして『大島新聞』と改題し、日刊紙となった一九三六（昭和十一）年、新たに『奄美新聞』も日刊で創刊される。

『大島新聞』と『奄美新聞』は名瀬の町でしのぎを削ったが、三七（昭和十二）年に始まった日中戦争から国内は挙国体制となり、翌三八（昭和十三）年には国家総動員法が公布され、政府が新聞をコントロールできる新聞用紙供給制限令も施行される。その圧力はまず地方の小さな新聞、出版に向けられた。『今日新聞』の項でみたように、前身の『今日新聞』が廃刊となった三九（昭和十四）年、奄美では警察主導で大島新聞社と奄美新聞社、さらに名瀬にあった雑誌二社が統合させられて、大島日報社が誕生する。この『大島日報』に、奄美大島・大和村出身で『鹿児島新聞』の記者だった村山家國《いえくに》さんも客員として入社する。ほかに村山さん同様、戦後、奄美を代表する言論人となる中村安太郎さん、小林正秀さんは『奄美新聞』から合流した。国家総動員体制下、島で唯一の新聞となった『大島日報』だったが、泥沼化した日中戦争を遂行しながら、一九四一（昭和十六）年、太平洋戦争まで突入した政府は一県一紙政策を離島の新聞にも当てはめる。四二（昭和十七）年、他の多くの県同様、鹿児島県でも『鹿児島新聞』と『鹿児島朝日新聞』が合併し、『鹿児島日報』が誕生する。『大島日報』は廃刊になり、『鹿児島日報大島版』として四四（昭和十九）年五月、鹿児島日報社大島支社が現地印刷を開始した。村山さんは論説委員兼社会課長として筆を執る。

そして四五（昭和二十）年八月、敗戦。村山さんらは空襲下の敗戦直前も、戦後の混乱期もハガキ二枚大ほどの小さな新聞を「特報」などという名目で出し続けた。四六（昭和二十一）年二月、『鹿児島日報』は『南日本新聞』に改題。その二月、北緯三〇度以南、奄美群島は沖縄諸島と一緒に本土から切り離され、米軍の直接統治下に置かれてしまった。村山さんらは『南日本新聞大島版特報』として新聞発行を続ける。『南海日日新聞五十年史』によると、異民族支配への住民の不安を和らげ、アメリカを知ってもらおうと、アメリカでの生活を経験した二人を呼び、「アメリカを語る座談会」を開催し、紙面で連載したらしい。駐留米軍政府は行政分離後も奄美に日本本土の企業が残留したり、名称が残る事態も嫌い、村山さんにも新聞の発行権について追及したようだ。村山さんは名実ともに奄美の新聞にすることを決意し、自らを編集、印刷、発行者として南海日日新聞社を設立申請、許可される。「特報」が抜けて『南日本新聞大島版』となっていた紙面を『南海日日新聞』と改題し、十一月一日付で創刊した。その八ヵ月前、同じ年の三月には、

『大島日報』そして『鹿児島日報大島版』でともに働いていた小林正秀さんと中村安太郎さんらが『奄美タイムス』という地元紙を立ち上げていた。

本土復帰運動を牽引

奄美は本土との行政分離後、藩政時代から続いた政治・経済・教育面での鹿児島からの呪縛が解かれ、劇団ができたり、さまざまな雑誌が創刊されたりした。「奄美ルネサンス」と呼ばれる時期で、『南海日日新聞』と『奄美タイムス』はその時代を支える存在ともなった。米軍占領政府は集会、結社、言論・表現の自由を保障したが、本土復帰の声が公然と出てくると、その自由を時限的に制限したり、両紙の記事を検閲し、中身によっては注意を促し、用紙の供給停止もちらつかせる。一九四九（昭和二十四）年五月、米軍政府が食糧の三倍値上げを決めると、復帰運動は盛り上がりを見せ、両紙も報道に力を入れた。しかし、その後、米軍の意向を受けてか運動の気運は表面上鎮静化する。五〇（昭和二十五）年六月、朝鮮戦争が勃発すると東西冷戦は強まり、アメリカの対日政策も変わり、軍事戦略上の視点を強くする。

翌五一（昭和二十六）年、日本が国際社会に復帰するサンフランシスコ講和会議の年を迎えた。同会議で日本が連合国軍による占領政策から解放され、独立国として認められれば、米軍の直接統治下にある奄美も日本に復帰できるのではという期待もあった。軍戦略上、沖縄の復帰は難しいという見方は前年から出ていた。二月、『南海日日新聞』は「復帰運動はアメリカに反対するものではない。気兼ねなく率直に表明すべき」といった趣旨の社説を掲載する。社長の村山さんが米軍の検閲を恐れながら書いたものだったらしい。まもなく名瀬で「奄美大島日本復帰協議会」が結成され、事務局を奄美タイムス社の一室に置いた。「復帰協」は奄美群島全域で十四歳以上の署名運動を展開し、わずか二ヵ月間で対象者の九九・八％から署名を集めることができたようだ。対日講和条約では日本独立後、奄美も沖縄同様、米軍の信託統治下に、という外信ニュースも流れるなか、復帰協の泉芳朗議長は五日間の断食を実行し、本土のマスコミも大きく報じた。

九月のサンフランシスコ講和会議では、アメリカと対峙するソ連など共産圏の国々が反対するなか、日本は講和条約と日米安保条約に調印。奄美は沖縄同様、そのまま米軍統治下に置かれた。『南海日日新聞』は九月十一日付の社説で、東西冷戦構造のなかでの条約という位置付けを確認し、「奄美大島の信託統治は、日本が新しい独立国家として国際社会に復帰するために払った大きな犠牲である。奄美大島住民の今後の営みは祖国日本と共なるものでなければならない」と記した。復帰協議会の名称もそうだが、名瀬発のさまざまイベント、情報は、奄美群島全体を指す事柄でも表現は「奄美大島」となることが多い。奄美大島の人々に悪気はないのだろうが、他の島の人々にとってはどうだろう？

翌一九五二（昭和二十七）年後半になると、奄美の本土復帰が実現するのではという情報が流れ、一方で、沖永良部島と与論島は沖縄と同様、その対象外という観測記事も出た。翌五三（昭和二十八）年元旦付の『南海日日新聞』は重成格・鹿児島県知事の「今年こそ復帰実現の年」という年頭の辞を掲載する。そして八月八日夜、来日中だったアメリカのダレス国務長官が「奄美群島を日本に返還する」と声明を発表する。突然の朗報。南海日日新聞社の編集局員らは総立ちになったという。すぐさま号外を作り、拡声器を付けた「ニュースカー」に積んで名瀬の町の人々に知らせて回った。新聞社の前には黒山の人だかりができた、と『南海日日新聞五十年史』は紹介している。翌日夜、名瀬小学校の校庭で「感謝郡民大会」が開かれ、一万五千人の市民が集まったという。「ダレス声明に感謝」の広告も紙面に連日掲載されたらしい。

復帰協議会は「復帰祝賀の歌」を公募。一等に選ばれたのは村山社長の「島の夜明け」で、後に山田耕筰が曲を付け、「朝はあけたり」という題名になって、復帰祝賀会場などで歌われたという。奄美の日本本土復帰は十二月二十五日と決まった。その当日付の社説の題は「朝はあけたり」で、村山社長が筆を執る。奄美群島の苦節八年を振り返りながら、いまだに米軍統治下にある「沖縄以南の同胞約百万」に思いを馳せる。「沖縄以南の同胞を知る者は奄美群島住民をおいて他にはない」と沖縄の本土復帰を願った。同日の社会面トップの見出しは「あゝわれらは還った　日本にかえった」。名瀬市街地を望める小高い山・おがみ山では花火が上がり、サイレンが鳴った。住宅街に聞こえるマイクからは「朝はあけたり」が流されたという。

奄美の本土復帰運動は、オピニオンリーダーとしての『南海日日新聞』とライバル紙『奄美タイムス』の存在が大きかったと言える。講和会議までの報道は、復帰協議会の事務局にもなった『奄美タイムス』の方が先鋭だったようだ。『南海日日新聞五十年史』は、「南海は中庸、タイムスは共産がかっていた」という南海日日社員の声を紹介している。『奄美タイムス』は講和会議を控えた一九五一（昭和二十六）年八月十七日付の社説で、奄美の本土復帰を実現させるには「全面講和あるのみ」と主張した。全面講和とはソ連、中国など共産圏の国々も賛同できる講和条約のことで、当時、日本社会党も全面講和派と単独（西側諸国との）講和派で揺れ、党が左右に分裂するきっかけとなった。復帰協議会も同様の路線対立があったようだ。『奄美タイムス』は、「ソ連も中共も小笠原・琉球・奄美大島の日本領有を主張している」と紹介して、単独講和に進む日本政府を批判した。『奄美タイムス』はその後も八月末まで連日のように単独講和を批判する社説を展開した。執筆したのは戦後の四六（昭和二十一）年、奄美共産党を立ち上げた一人・中村安太郎さん（一九五五年から共産党公認で鹿児島県議を一期）。社長だった小林正秀さんとともに八月三十一日で社を退き、『奄美タイムス』を「報道の自由のために廃刊」する。社の設備などは地場の有力企業・大島食糧の浜崎要範《ようはん》社長に譲渡。翌日九月一日付からは同じ『奄美タイムス』だが紙齢（新聞の通算発行号数）は「1号」で刷新される。後に中村さんは「廃刊」のいきさつについて、連日のように米軍政府から発刊停止の脅迫を受けていたと明かしている（一九五四年十月二十七日付『奄美タイムス』）。

これに対し、『南海日日』率いる村山社長は「自他ともに奄美大島を代表するとみられ、かつ軍政府からは好感をもたれていた」と、中村さんは自著『祖国への道』で記している。奄美の本土復帰への強い思いは中村さんや小林さんらと変わりはなかったろうが、村山さんは現実的な視点で奄美の言論を引っ張っていたと言える。村山さんがほぼ十年かけて執筆し、一九七一（昭和四十六）年に出版にこぎつけた『奄美復帰史』は、奄美の本土復帰運動を紐解く基本文献として評価されている。

一九四六（昭和二十一）年の創刊から五三（昭和二十八）年の本土復帰のころまでの両紙は表

裏の二ページ。紙面の大きさは用紙事情の悪さからタブロイド判だったり、A４判だったりと定まらなかったようだ。発行も週三回とか月に数回ということもあったらしいが、五一（昭和二十六）年には両紙とも日刊（月曜休刊）で発行できるようになった。通常の新聞の大きさブランケット判になるのは翌五二（昭和二十七）年からのようだ。両紙の発行部数は、五一（昭和二十六）年三月時点で、『南海日日』が二千三百部、『奄美タイムス』千七百六十九部だったらしい（『南海日日新聞五十年史』が当時の行政要覧から引用）。当時、一面は主に国政や外信ニュースを扱ったが、情報源はラジオだった。ラジオのニュースを聴いて速記したが、人名など固有名詞の表記が難題だったという。

ライバル紙の消長みつめる

宮崎県延岡市で圧倒的な部数を誇る『夕刊デイリー』の松永和樹社長が、ライバル紙『夕刊ポケット』の廃刊が市民にとっても新聞社にとっても歓迎できることではなかった旨語ったことは紹介した。奄美の場合は、明治後期、地元紙が創刊されて以降、国家統制で強制的に一紙とさせられた時代（一九三九〜四五年）をのぞき常に二紙が存在した。戦後は『南海日日新聞』が創刊以来、現在まで発行を続け、ライバル紙も必ず発行していた。ただそのライバル紙は変遷があった。

戦後の本土復帰運動を『南海日日』とともに牽引した『奄美タイムス』は上述の通り、一九五一（昭和二十六）年八月をもって小林正秀社長、主筆だった中村安太郎さんが去り、九月から大島食糧社長の浜崎要範さんが引き継ぐ。五三年（昭和二十八）年四月から五月かけて大島食糧の幹部や浜崎社長らは横領容疑で警察に勾留され、浜崎さんは大島食糧の社長を引責辞任する。しかしその間も浜崎さんの関連会社・浜崎海運のニュースや祝賀会などの様子が『奄美タイムス』で報じられた。奄美が本土復帰した翌五四（昭和二十九）年九月、編集局長だった藤井光良さんは浜崎社長に辞表を提出し、十月一日、『新奄美タイムス』を立ち上げる。『奄美タイムス』の多くの社員も藤井さんと行動を共にしたため、『奄美タイムス』は開店休業状態に陥った。浜崎社長が旅行中のことだったようで、本人もかなり驚き、憤慨したようだ。『新奄美タイムス』の藤井社長は、創刊の辞に「浜崎社長の経営方針等から見て、奄美タイムスを理想郷土紙に盛り立てるのは到底不可能だという結論」に至ったと記した。

『奄美タイムス』はこのまま廃刊になるかと思われたが十月二十七日付で復刊する。浜崎さんは『奄美タイムス』を中村安太郎さんに委譲したのだった。この第三期と言える『奄美タイムス』の復刊で、奄美大島には『新奄美タイムス』と『南海日日新聞』の三紙が存在することになる。しかし、長くは続かなかった。『新奄美タイムス』は翌五五（昭和三十）年三月ごろ、『奄美新報』に改題する[1]。一方、『奄美タイムス』三期目の社長となった中村さんは五月の県議会議員選挙に共産党公認で初当選。表裏二ページしかない紙面の二面の大半を使って「県議会報告」を掲載し、

---

1 『新奄美タイムス』一九五五年二月二十二日付で「三月一日より『奄美新報』に改題する」と社告。しかし、三月一日付で「郵政省の許可手順が手間取り」改題が遅れていると告げている。

県当局を批判した。それから間もない五月二十七日付で「六月一日より『奄美新報』に」と、奄美新報社に吸収合併されることを告げる。当時の新聞の所蔵は鹿児島県立奄美図書館にもないため確認できないが、恐らくこの一九五五（昭和三十）年六月からは『奄美新報』と『南海日日新聞』の二紙体制となった。

その『奄美新報』は同年十月には社長が藤井さんから松岡清光《せいこう》さんに代わる。松岡さんは名瀬の実業家（笠利町佐仁出身）で、藤井さんの『新奄美タイムス』立ち上げ時から資金面で支援して、会長職に就いていた。その松岡さんは二年後の五八（昭和三十三）年六月、『奄美新報』の社長職を中村安太郎さんに委譲する。中村社長は六月二十六日付で松岡さんが「病気退任」したことを告げている。松岡さんは戦後、シベリア抑留時、結核を患っており、その治療に専念するためだったようだ（長女・松岡みどりさん談）。『南海日日新聞』のライバル紙に三度、表舞台に出た中村さんだったが、経営はうまくいかなかったようだ。『奄美新報』は翌五九（昭和三十四）年前半には姿を消したとみられる。

「奄美に二紙は必要」という声が出て、次に登場したのが『大島新聞』だった。この年五九（昭和三十四）年七月に創刊する。大島新聞社六代目社長・邦富則《くにとみのり》さん（八十一歳　一九四一年二月生）によると、笠利出身で当時、大手教材会社・日本教図の社長だった登山俊彦さんが資金を出したと言われているらしい。初代社長には元笠利村長の平川國高さんが就任した。二〇〇八（平成二十）年一月一日付から『奄美新聞』に改題し、現在に至っている。部数は二〇二二（令和四）年五月現在で八千五部。『南海日日新聞』とは一万部以上差があるが、奄美に二紙あることは多くの住民だけでなく、両紙の関係者も歓迎している。

ライバル紙の消長を傍に一九四六（昭和二十一）年の創刊以来七十五年以上続く『南海日日新聞』も一度だけ社を揺るがす事態に遭遇している。一九七五（昭和五十）年一月、南海日日新聞社は従来の名瀬市役所（現・奄美市役所）周辺から移転し、長浜町に新社屋を完成させる。地下一階、地上五階建て。周辺はまだ閑散としていた当時は目立つ建物だったようだ。社の隆盛を物語ったが、翌二月、村山家國社長が亡くなる。享年六十一歳。常務だった伊地知信一郎さんが二代目社長に就任する。が、翌七六（昭和五十一）年八月、村山家國さんの妻・美喜さんが三代目社長に就任すると、伊地知さん、専務だった前田信一さんら幹部や記者など十二人が集団退社し、『大島新聞』に移ってしまう。当時、南海日日新聞社の社員は五十一人だったようなので、「ショッキングな出来事」（『南海日日新聞五十年史』）だった。伊地知さんや前田さんらは『大島新聞』の立て直しを図ることになる。次項『奄美新聞』で紹介しよう。

『南海日日新聞』は社員の集団転職という驚きの事態も乗り切った。一九七五（昭和五十）年から六ページ建てに増やしていた紙面（ブランケット判）の一面を七七（昭和五十二）年から基本、県や奄美関連のニュース、地ダネで埋めることとした。国内外のニュースは時事通信社の配信を受け、二面に掲載した。八四（昭和五十九）年に基本、八ページ建てに増やす。本格的にカラー印刷ができるようになったのは九八（平成十）年。二〇〇八（平成二十）年から現在の十ページ体制になり、より紙面を充実させた。

身近な問題は地元にあるメディア・地域紙こそ課題を共有し、発信できる。一九六二（昭和三十七）年九月、名瀬にある県立大島病院で大量の輸血が必要な急患が発生し、海上自衛隊鹿屋航空基地から保存血液を積んだ対潜哨戒機が飛来。保存血液を名瀬港沖合に投下する予定だったが、哨戒機は近くの山に衝突、住宅街に墜落し大火災となる。隊員十二人全員と住民一人が死亡する惨事となった。当時、奄美大島には空港がなかった（旧空港が開港するのは二年後の一九六四年）。離島ならではの不幸な出来事。『南海日日』は献血運動のキャンペーンを張り、村山家國社長自ら島の各自治体や医師会、民間団体などを回った結果、名瀬保健所に献血希望者のリストが整備されたという。「それまでの間、社員たちは夜勤者も含め、いつでも献血出来るように『臨戦体制』を組んだ」という（『南海日日新聞五十年史』）。

本土復帰後の奄美は社会福祉関連の施設整備が遅れていた。一九六六（昭和四十一）年七月、奄美大島・龍郷町赤尾木に知的障害児施設「希望の星学園」が開設される。奄美大島は「マリアの島」と呼ばれるほどカトリック信者が島の北部を中心に多い。この学園もカトリック教会が障害児を抱える家庭からの相談を受けて、開設に動き出したが、資金が足りずに計画が滞っていることを知った『南海日日』の記者たちが苦悩する家庭の実態をレポートする。村山社長の檄を受け、募金箱を手に街頭にも立ったらしい。寄付を募る社告も出し浄財を集めることができたとされる。

戦後八年間、米軍の統治下にあった奄美はインフラ整備も遅れていた。復帰翌年の一九五四（昭和二十九）年、奄美群島復興特別措置法（現・奄美群島振興開発特別措置法）が公布される。いわゆる「奄振」で、前年にできた離島振興法よりさまざまな公共事業の国の補助率が高い。沖縄が本土復帰した一九七二（昭和四十七）年に施行された沖縄振興開発特別措置法（現・沖縄振興特別措置法）よりは率が低いが、この「奄振」で奄美の港、道路、公共施設整備は進んだ。急峻な山が海に迫る奄美大島では各集落が孤立しており、隣の集落に行くには舟の方が便利だった。集落のことを「シマ」と呼ぶ由縁でもある。奄振で島内には二〇二二（令和四）年三月までに三十九カ所（うち延長一キロ以上が十二カ所）もトンネルが開通し、「シマ」と「シマ」が難なく車で結ばれるようになった。一方、きれいな海岸線での防災敷設などは環境保全の観点から批判されることもあった。完成後の管理運営コストを顧みない箱物行政に対する問題も指摘されてきた。この奄振問題を『南海日日』は生ニュースだけでなく特集、連載、コラムなどで数多く取り上げてきている。

一九七三（昭和四十八）年、奄美大島・宇検村の無人島・枝手久島で浮上した石油精製基地計画は出身者を巻き込んで賛否が渦巻き、『南海日日』もその動きを刻々と報じる。社の姿勢として「反対のキャンペーンを張った」（『南海日日新聞五十年史』）ため、地元の賛成派住民からは小突かれたり、取り囲まれるなど取材妨害も受ける。進出誘致の「村民会議」に社として抗議文を送ったという。十一年後の八四（昭和五十九）年、計画は正式に断念された。枝手久島開発問題はその後もさまざまな噂が流れるなか、八八（昭和六十三）年、東京の右翼団体が宇検村内に拠点を構え、石油基地反対で地元に住み着いていた共同体グループ「無我利道場」を追放する運動を展開し社会問題化。『南海日日』もフォローした。

二〇一〇（平成二十二）年一月、在沖縄米軍の普天間基地移設問題で徳之島が候補地に挙がると、『南海日日』はほぼ連日、この問題を大きく取り上げた。島の三町長は拒否を表明し、島民の多くも反対した。四月の集会には島の人口の六割以上、一万五千人もの島民が参加したとされ、「長寿、子宝、癒やしの島に米軍基地はいらない」と決議した。六月、徳之島移設案を地元町長らに打診した鳩山由紀夫内閣が退陣に追い込まれると、徳之島案は立ち消えになった。南海日日新聞社は八月、それまでの掲載記事と、沖縄との連帯を図るインタビューを載せた冊子『徳之島の闘い』を出版し、史料とした。米軍基地の代わりに自衛隊基地はやってくる。二〇一九（平成三十一）年三月、陸上自衛隊の奄美警備隊が奄美大島の奄美市名瀬と瀬戸内町に開設される。中国を念頭に置いた南西諸島防衛の一環。住民の大きな反対はなく、むしろ過疎対策になると歓迎する声の方が大きかった。地元紙としては基地のありようのチェックは欠かせない覚悟のようだ。

九州と沖縄の間にある奄美の島々は独自の文化も育ってきた。医療、福祉、産業、行政分野も含めて顕著な功績のあった団体・人を顕彰する「南海文化賞」を一九七二（昭和四十七）年に創設する。第一回の表彰者には島尾敏雄らが選ばれている。島唄チャンピオンを決める「奄美民謡大賞」は一九八〇（昭和五十五）年にスタート。毎年、予選大会から人々の関心を呼んできているが、コロナ禍で二〇二一、二二年は中止されている。元ちとせは第十五回（一九九四年）に新人賞、第十七回（一九九六年）で大賞をとっている。

多様な人材で次の時代へ

奄美大島と徳之島は、沖縄本島北部、西表島とともに二〇二一（令和三）年七月、世界自然遺産に登録された。日本政府が登録の候補地にしたのは二〇〇三（平成十五）年で、知床（北海道）、小笠原諸島（東京都）と同時だった。その知床は二〇〇五（平成十七）年に、小笠原諸島は二〇一一（平成二十三）年に自然遺産に登録される。奄美・沖縄の場合は亜熱帯の森に貴重な動植物が生息する生物多様性が評価されたが、その候補地の範囲をどうするか、固有種をどう評価するかという前段の段階から揺れた。登録への手続きが進み始めると、登録予定地の飛び地や米軍基地跡地の位置付け、希少動物を捕食する野生化したネコ（ノネコ）対策など課題が突きつけられ、多くの時間を要することになった。登録の前提となる国立公園化（西表島と沖縄本島北部が二〇一六年、奄美群島が一七年指定）も含め、『南海日日』は登録問題を細かく報じ、節目節目では別刷りの特集面も出した。沖縄の県紙の一つ『沖縄タイムス』（沖縄県内にはもう一紙『琉球新報』も県紙）と、西表島も販売エリアの地域紙『八重山毎日新聞』（沖縄県石垣市）と合同で企画も行ってきた。

島唄者の元ちとせや中孝介の中央での活躍で多少、奄美の名が広まっていたところへ、世界自然遺産登録問題を中央メディアも取り上げるようになったことから奄美の知名度、関心は高まってきた。人材も集まり始める。『朝日新聞』で主に夕刊の文化・芸術など読み物記事を書いていた井本久美記者（四十歳　一九八二年二月生）は、二〇一九（令和一）年、奄美企業が一堂に会する就活イベントが東京で開催された際に参加し、南海日日新聞社と巡り会う。世界自然遺産に登録されている北海道・知床の羅臼町で地域おこし隊員になることも考えていたようだが、「登録後の町より、登録前の奄美の方が地域創生の実情が分かるのでは」と興味を引かれたらしい。二〇(令和二)年四月、南海日日新聞社に入社した。全国で唯一県紙がない滋賀県(『読売新聞』『朝日新聞』『京都新聞』などがエリアにしている)出身で、これまで縁のなかったローカルメディアを体感する日々。地域紙については「ネタの大小にかかわらず地域に根差した情報や課題を掘り起こす媒体」と位置付ける。「住民にとっては生活圏における大切な情報の入手、発信ツールであり、奄美の集落(シマ)や島、本土をつなぐ手段でもあるととらえています」

『西日本新聞』(福岡市)で九年間記者をして、奄美大島・龍郷町に帰省。二〇一九年に入社した女性記者もいる。かつて身近に読んで育った『南海日日新聞』。その新聞で今度は伝える側になったことを天職のように感じている。「どうすれば島の暮らしにもっと役立つメディアになりうるか」。自問自答しながら奮闘の日々のようだ。父親の転勤で中学時代を徳之島で過ごして島唄に魅せられ、琉球文化、南の島々の文化に興味をもって沖縄の高校、そして州立ハワイ大学に進んだ餅田彩葉《いろは》記者(二十三歳　一九九八年八月生)。卒論「現代の島唄継承におけるソーシャルメディアの役割」を書き上げて卒業し、二一(令和三)年八月に入社したばかりだが、「奄美の暮らしを見つめながら奄美文化について幅広い知識を得られている」と、奄美での記者職にやりがいを感じているようだ。

編集局には現在三十三人が在籍し、うち十二人が女性。本社の外勤記者十一人をみると大半の八人が女性だ。意図したわけではなく、公正な採用試験を実施した結果、女性が増えたらしい。

ほかに東京支社、鹿児島総局、徳之島総局、沖永良部総局にそれぞれ一人記者がいる（沖永良部は女性）。喜界島には本社から、与論島には沖永良部から随時、取材に入っている。社全体の社員は六十一人でうち契約が十三人。編集局のほかは総務印刷局と営業局がある。株式会社（資本金二千万円）で株の大半は村山家がもつ。創業者・村山家國さんの妻・美喜社長のあとに弟の新納重博さんが一九八〇（昭和五十五）年、社長に就任する。八二（昭和五十七）年には家國さんの長男・邦家さんが社長となり、九二（平成四）年、次男・三千夫さん（六十六歳　一九五六年六月生）が六代目社長となっている。日本新聞協会に加盟している地域紙は二十二社あるが、南海日日新聞社もその一社。協会加盟の釧路新聞社（北海道）、宇部日報社（山口県）、宮古毎日新聞社（沖縄県）、八重山毎日新聞社（同）など計十二社で構成する「全国郷土紙連合」にも入っている。

基本十ページの紙面構成もあらためてみておこう。一面トップは必ず地ダネだ。ほかも地ダネ中心だが、時事通信の配信記事を使うこともある。一面コラム「南海天地」は、副部長以上八人が持ち回りで書いている。二面は時事通信の配信記事で海外ニュースや内政ネタが中心。三面は地ダネで暮らしネタや特集的な読み物が中心だが、月曜付は読者投稿欄と寄稿、さらに社説に代わる「論説委員の視点」が掲載される。読者の関心が高い死亡広告もこの面が中心だ。四面はスポーツ面か文化面に。五面はスポーツ面で地ダネと配信記事で埋まる。六面は翌日のテレビ番組欄と番組の話題。七面は総合面的な扱いで配信記事が多い。四コマ漫画は社会面ではなく、この七面に据える。『人吉新聞』の項で紹介した、きざきのぼる(本名・木崎征夫)氏にお願いしていたが、同氏が亡くなり、二〇二二（令和四）年五月二日付から、『人吉新聞』同様、あしはらたいじ氏に代わった。八面、九面が社会面で基本、地ダネで埋まる。十面はテレビ番組欄だ。今後は、奄美の経済をもっと注視し、商店街の話題、地元経済人のインタビュー、新商品紹介などを展開する紙面も検討しているようだ。カラーは一面、三面、八面と十面を基本にしている。

紙面刷り出しは午前一時で、その前、午後十一時半に『聖教新聞』を刷る。一九八五（昭和六十）年から受託印刷しているらしい。『聖教新聞』は全国の県紙などが受託しているようだが、奄美も創価学会員が多いことから現地印刷で当日配達が望まれたという。最盛期は一万部ほど刷っていたとみられる。『南海日日』の姉妹紙として『月刊奄美』の発行も一九九三（平成五）年から始めた。営業局が所管して、タブロイド判の基本二十四ページ。奄美出身者に郷土の直近一ヵ月のニュースを見てもらおうと、日刊の『南海日日』の記事を転載し、日付表記などを手直しする。一ヵ月分の死亡広告も住所別に一覧にして載せている。一面コラムなど独自のコーナーもある。カラー面も多い。購読料は年間四千円。現在、二千七百部出しているという。本紙『南海日日新聞』の購読料は月千八百八十八円（税込み）。奄美群島外への郵送は三千三百円で、週一回のまとめ郵送だと二千五百三十円。両方で七百三十部郵送しているようだ。

このほか紙面イメージの電子版配信を二〇二〇（令和二）年四月から始めた。料金は紙面と同じ月千八百八十八円で毎日午前五時に配信。記事検索や過去一年分の閲覧もできる。現在、約百五十件の契約を得ているという。この電子版配信で、『月刊奄美』の購読者が電子版に切り替えてくれるのでは、という狙いもあったようだ。「そうはならなかった」と松井輝美専務（七十二歳　一九五〇年七月生　二〇二二年九月退任）。「紙はやはり強いと実感した」らしい。南海日日新聞社の直近の年間売り上げは約五億七千六百万円。コロナ以前は六億円あったという。売り上げに占める販売収入はざっと六割、広告が三割、『聖教新聞』など印刷で一割らしい。

ネット時代の奄美の新聞

今後を見据えてネット関連の拡充にも力を入れている。HPは二〇二二（令和四）年四月に刷新。毎日午前六時ごろ、五本ほどアップしている記事は、一面、両社会面のトップニュースなど全文を掲載している。「私の好きな世界自然遺産」の投稿コーナーのほか、奄美群島広域事務組合提供で群島各島の話題を取材、写真もふんだんに使って記事にしている。多少、ビジネスになっているのだろう。紙面に掲載した地ダネ写真の有料ダウンロードコーナーも設けている。さまざまなネット広告も貼り付けた。今後は、署名入りのレポートなど掘り下げた記事を有料化することも検討しているらしい。狙いは「稼ぐＨＰ」だ。ヤフーニュースやラインニュースにも積極的に記事を配信し、月数万円以上の収入を得ているようだ。情報企業として地元自治体からの事業受注にも力を入れる方向だ。

『南海日日新聞』の今後について、村山三千夫社長は「離島だから何らかの情報機関は必要。社会的な使命もある」という。「紙でもネットでも構わないが、なくなってしまうと行政に対する監視機能も弱くなる」と危惧。「紙を購読している読者がネットに移行していく。今はその過渡期」とみている。『朝日新聞』から『南海日日』に移ってきた井本記者は「その地域しかない情報にいかに価値を付け、全国紙や県紙と差別化を図って売り出すか」だという。「住民には〝恒例〟の情報でも新たな視点で掘り起こすことができれば、域外に対しても興味をそそる魅力的な情報として伝わるのでは」と自らに課す。日々フォローする事象を新鮮なコンテンツにする記者の視点、姿勢、度量が問われそうだ。

奄美の島唄に魅せられている餅田記者は、「島や集落ごとに文化、風習、雰囲気が異なるのが奄美群島。県紙では伝えられない奄美の多様性を隅々まで生き生きと発信できるのが地域紙の強みだと思う」と語る。「遺産登録で世界から注目されるなか、これからは多言語でも島の話題を報道して、新たな読者層を開拓できれば面白くなりそうです」。松井専務も、遺産登録で「世界の奄美」になるとみている。その奄美を報じる『南海日日新聞』も世界に向かう。HPなどで発する奄美のニュースを英語バージョン、中国語バージョンでも伝える。英語、中国語を使いこなせる社員はすでにいるらしい。創刊から本土返還まで米軍統治下の七年間は、記事検閲のための英語通訳が常駐した『南海日日新聞』だった。グローバルなネット時代を迎えた今、シマから島へ、そして海の向こうへ。奄美の身近な情報が魅力あるコンテンツとなって飛ぶことになるのだろうか。

第八章　奄美新聞　鹿児島県奄美市名瀬港町

ライバル紙として生き残る
「地域の声を拾い集める」

「奄美に二紙必要。がんばってくれ」。『南海日日新聞』のライバル紙『奄美新聞』編集長（取締役）の徳島一蔵さん（六十歳　一九六二年六月生）は最近、社のＯＢからそう言われたらしい。本当に二紙必要なのか。徳島さんは自問する。二紙が必要という声は、政治的な色合いから住民が二つに分かれるからだと考えている。「保徳のころならわかりますが、もうそんな政治状況にない」。一九五三（昭和二十八）年末、本土に復帰した奄美は翌五四（昭和二十八）年、奄美群島だけの衆議院選挙が実施される。全国では前年、第二十六回選挙が行われたばっかりだったので、奄美だけの特別選挙となる。定数は一。当時は複数定数の中選挙区制だったから全国唯一の小選挙区となった。九〇（平成二）年の第三十九回衆院選まで計十四回の多くは保守系の立候補者二人が一議席を争って、シーソーゲームを繰り返した。

最初は保岡武久氏と伊東隆治氏、そして八三（昭和五十八）年の選挙からは保岡氏の長男・興《おき》治《はる》氏と医療法人・徳洲会の徳田虎雄氏が熾烈な戦いを繰り広げた「保徳戦争」。しかし九三（平成五）年の衆院選から奄美群島区は鹿児島一区に吸収され、九六（平成八）の選挙からは全国で小

奄美新聞社

奄美新聞
AMAMI-SHIMBUN
3月8日 火曜日
市議会一般質問
世界自然遺産センターに 職員1人派遣、環境省にも
ほーらしゃ券換金率99%の高さ
飲食店協力金など計上
補正予算案 22億4900万円追加
米発電事業、IHI参画 ラスベガス近郊に
長距離フェリー新造続々
拡充、物流需要に対応

『奄美新聞』2022 年 3 月 8 日付

常田裕社長

奄美新聞社の編集職場

選挙区制が導入され、奄美群島は鹿児島二区に組み入れられた。「保徳戦争」時代は奄美群島の市町村長選挙・議員選挙にも影を落とし、住民を二分した。それが二つの新聞の色分けになった面も確かにあった。しかし、もうそんな時代ではないというわけだ。

「二紙必要というのは年配の方々の思いで、若い人にはないと思う」と徳島編集長。「どこの新聞であろうと奄美のニュースを見られればいいはずです。だから厳しさを感じている」。本音かもしれない。では、『奄美新聞』がなくなっていいのか。「今は行政も企業・団体も広報がしっかりしていて、そのネタをフォローするのに追われる。結果、二紙とも同じような紙面になってしまう。『南海日日』との違いを出すには、地域のニュースを、地域の声を拾い集めていくことだと思っています」。生き残りをかけた『奄美新聞』の編集長として、こちらも本音だろう。

『南海』に水をあけられる部数

まずは部数を確認しよう。比較のために『南海日日新聞』の部数もあらためて紹介するが、同紙の場合は二〇二一（令和三）年八月一日現在で、『奄美新聞』は二〇二二（令和四）年五月現在であることは念頭に置いていただきたい。新聞の部数減の傾向を加味すれば『南海日日』の部数の実際は表記数字より少ない可能性もある。『奄美新聞』の部数は八千五部で前年より百部減っている。『南海日日』は二万千二百部だから一万三千部ほど『奄美新聞』が少ない。率にして『南海』の三七・八％となる。

本社のある奄美大島では六千二百四十五部（『南海』は一万五千六百四十部）、喜界島が二百十部（千十部）、徳之島は千八十部（二千十部）、沖永良部島が三百九十部（千四百二十部）、与論島が八十部（三百九十部）だ。どの島でも『南海日日』との差は大きいが、徳之島は踏ん張っている数字だ（『南海』の五三・七％）。徳之島は「保徳戦争」が終わっても、町長選挙などは相変わらず有力候補二人が争う展開が多い。徳島編集長が言った「政治的な色合い」があり、住民が二つに分かれる傾向が新聞購読にも影響しているのかもしれない。喜界島、与論島は県紙の『南日本新聞』より少ない（『南日本』は折り込みチラシ用公表部数で、喜界二百三十部、与論百十部）。中川護専務（六十二歳　一九六〇年二月生）によると、最盛期は一万三千から四千部あったらしい。二〇〇〇年代初頭のことのようだ。『南海日日』の半分はあったとみていいだろう。

創刊日、不明のまま

前項『南海日日新聞』でみてきたように、戦後、創刊された奄美の新聞は、『南海日日新聞』が現在までずっと続くなか、ライバル紙は変遷した。『奄美タイムス』を吸収した『奄美新報』が廃刊となったと思われる一九五九（昭和三十四）年。同年七月、『奄美新聞』の前身『大島新聞』は創刊される。創刊日は『奄美新聞』のHPには「七月一日」とあるが、『大島新聞』の六代目社長で、『奄美新聞』への改題を行った邦富則《くにとみのり》さん（八十一歳　一九四一年二月生、奄美市名瀬在住）によると、「七月五日」。改題当日の紙面（二〇〇八年一月一日付）の特集面でそう記した。「古い資料からわかった」という。その「資料」は社屋の移転などを経て、散逸したらしい。『大島新聞』がスタッフなどの大幅な入れ替えでリニューアルした一九七七（昭和五十二）年六月一日付の一面コラム「奄美春秋」には「七月十三日」と記されている。創刊当時の『大島新聞』は奄美新聞社内には保管されていず、鹿児島県立奄美図書館の所蔵は五九（昭和三十四）年九月分からだ。その九月一日付の紙齢が「第４９号」となっているので、「七月十三日」創刊が合っているかもしれない。創刊日がわからない点からも『奄美新聞』の来し方の難しさが想像できる。

創刊時の社長は平川国高さん。元々教員で、笠利村（現・奄美市笠利町）長を一九四六（昭和二十一）年から五〇（昭和二十五）年まで二期務めている。六代目社長となった邦さんによると、『南海日日』だけでなく奄美には新聞は二紙必要」という声が高まり、『大島新聞』の出現となったらしい。『奄美新報』は一九五九（昭和三十四）年一月一日付まで奄美図書館に所蔵されている。その後、いつ廃刊になったか不明だが、『奄美タイムス』、『奄美新報』、そして『大島新聞』でも文選工（活字を拾って組む専門職）をした砂守ツヤさん（八十五歳　一九三六年十二月生、奄美市名瀬在住）は、『奄美新報』から『大島新聞』への勤務先移行にさほど時間的間が空いた記憶はないらしい。ただ場所は変わった。『奄美タイムス』を吸収合併した『奄美新報』は名瀬市役所（現・奄美市役所）近くの『奄美タイムス』の社屋をそのまま使った気がするという。『大島新聞』は北西に四百メートルほど海側の名瀬港町、奄美群島振興開発基金の建物の隣に設立された。

『大島新聞』の創刊のために出資したのは、大手教材会社・日本教図（東京）の登山俊彦さんだったと邦さんや砂守さんは聞いている。登山さんは奄美市笠利町屋仁出身。奄美が米軍統治時代は、奄美群島の小・中学校などに教材や書籍を贈与したほか都内に奄美出身学生のための学生寮もつくったようだ。「当時、政争が激しくて、やはり奄美に二紙は必要だと、同郷の平川さんらに委託して大島新聞をつくったと聞いている」と邦さん。しかし、登山さんの生涯をまとめた『登山俊彦』（登山俊彦伝記刊行委員会編、非売品）には『大島新聞』創刊の話は出てこない。ただ、奄美の新聞の引用には『南海日日』ではなく、『大島新聞』を使っている。知人の明治大学名誉教授・永田正さんは、登山さんが政界に興味があったことを思い出として寄稿している。選挙出馬意向に登山さんの妻は反対し、永田さんも「(これまでの功績が）すべて政治的野心のためと誤解される」と説得したところ、「保岡さんにゆずって、自ら政界進出を断念した」という。その代わり、ふるさと奄美に新聞は二紙必要という思いになったのかもしれない。

「政界進出を断念した」のは、保岡武久さんが立候補した、奄美の本土復帰に伴う一九五四（昭和二十九）年の衆議院選挙を指すのだろう。立候補者が八人にも上る過熱選挙となった。だれも法定得票数に達せず、再選挙の結果、保岡さんが初当選を果たす。次席だった伊東隆治さんが次の第二十七回衆議院選挙で保岡さんを破り、次の二回は保岡さん、さらに次の二回は伊東さんと六七（昭和四十二）年の第三十一回衆議院選挙まで二人はしのぎを削った。当時、『南海日日』は伊東さんを支持していると巷間言われたらしい。伊東さんは奄美大島・龍郷出身で、村山家國社長の妻・美喜さんも同郷だった。一方、『笠利町誌』によると、保岡夫人と登山夫人は姉妹だった。『大島新聞』は保岡さん支持と見られた。

保岡さんは六九（昭和四十四）年の第三十二回衆議院選挙で同じ保守系の豊永光《ゆたかえいこう》さんに破れて引退。次の第三十三回選挙（一九七二年）には長男の保岡興治さんが出馬して、豊さんを破る。三十四回選挙（七六年）も保岡さんが豊さんに勝つと、三十五回選挙（七九年）、三十六回選挙（八〇年）の対抗馬は共産党公認の一人だけで、選挙は盛り上がりを欠いたようだった。この間、登山俊彦さんは七〇（昭和四十五）年に亡くなり（享年六十七歳）、長男の俊文さんが跡を継ぐが、七九（昭和五十四）年、日本教図は倒産してしまう。「業界では最大規模の倒産」と言われたようだ（『朝日新聞』一九七九年一月十一日付）。

存亡の危機からリニューアル

衆議院選挙の保守系候補同士による熾烈な戦いが収まり始めたころ、『大島新聞』は存亡の危機にさらされ、金融機関など地元の経済界も注視していたようだ。『南海日日』の村山家國社長が七五（昭和五十）年に亡くなり、常務だった伊地知信一郎さんが二代目社長に就く。翌七六（昭和五十一）年、村山家國さんの妻・美喜さんが三代目社長に就任したことから伊地知さんや前田信一専務ら社員十二人が集団退職し、『大島新聞』に移ったことは前項で紹介した。この集団転職を主導したのは前田専務だった。前田さんは当時四十五歳。既に名瀬市（現・奄美市）議会議員を三期務め、洋品店を経営して地元の青年会議所のリーダー格だったようだ。個人経営だった大島新聞社を株式会社にするべく地元の経済人らに出資を募る。発起人として伊地知さん、前田さんを含む十四人の名簿が残っている。その一人、印刷業を営む平田隆義さん（八十五歳　一九三七年六月生）は、「このままだと『南海』一人勝ちでまずいことになる。奄美に二紙は必要、と皆で前田さんを支援した」という。平田さんは後に名瀬市長を三期、平成の合併でできた初代奄美市長も務めている。前田さんは当時の『大島新聞』を「発行部数は五百足らず。赤字続きでね」と振り返っている（『南日本新聞』一九九八年二月五日付）。

翌七七（昭和五十二）年六月一日付で『大島新聞』はリニューアルする。題字を横組みに替え、ページ数もこれまでの表裏二ページから四ページに増やした。『南海日日』は七五（昭和五十）年五月から常時六ページ建てにしていた（『南海日日新聞五十年史』）が、『大島新聞』も「随時六ページ」にすると告知。これまで一面肩に置いていたテレビ欄は、番組の紹介記事などを入れて最終面（四面）に据えることできるようになった。オフセット印刷機も導入した社屋は名瀬港町から五百メートルほど東に行った名瀬小浜町に構えた。資本金二千万円の株式会社にして、伊地知さんが代表取締役社長、前田さんも代表取締役の付いた専務となった。一面社告では「ここ数年来『ほんとうに世論を代表する新聞』『郡民と苦楽をともにする新聞』が切実に望まれ、郡民の声として高まってきた」とし、「名実ともに、二紙併立の時代を迎える」と宣言した。

「地元ニュースを重点編集」することをうたい、当日の一面トップは、地元産の肉用牛倍増へ施設拡充などが進むという奄美の各島の取り組みをニュースにしている。翌二日付社会面には二年前から稼働している名瀬市（現・奄美市）の清掃工場までの道路が未舗装のため沿道に不法投棄する例が後を絶たない現状を問題提起。同四日付の一面トップでは海砂の無認可の採取が海岸線を破壊していると環境保全を訴えた。こうした独自のニュース掘り起こしを『南海日日』と競うように展開すれば奄美の暮らし向上につながる。両紙の活性化が奄美に好循環をもたらすことを示した格好だった。

リニューアルして社長となった伊地知さんは半年余りで亡くなり、七八（昭和五十三）年二月、代表取締役専務だった前田さんが三代目社長に就任する。その前田社長の下、当時、全国唯一の一人選挙区である奄美の衆議院選挙は七九（昭和五十四）年、八〇（昭和五十五）年の二回は自民党公認の保岡興治さんが共産党公認の島長国積さんを大差で破った。しかし、次の八三（昭和五十八）年の選挙からは様相が一変する。当時、医療法人・徳洲会理事長の徳田虎雄さんが無所属で出馬して参戦。八六（昭和六十一）年、さらに九〇（平成二）年と計三回の衆議院選挙はいずれも投票率が九〇％を超え、過熱を極めた。現金買収が横行し、選挙戦の終盤には両陣営とも見張り小屋を道路沿いにつくり、相手の運動員の動きを監視した。いわゆる「保徳戦争」だ。結果は保岡さんが二回先勝し、三回目は徳田さんが勝利した。いずれも接戦だった。「保徳戦争」は奄美群島内市町村の首長選、議員選にも大きな影響を及ぼし、住民を二分。地元二紙も一線の記者の姿勢、意向とは関係なく、『大島』は保岡派、『南海』は徳田派」という見方をされた。「廃刊直前」とまで言われた『大島新聞』はリニューアル後、社員らの奮闘もあり、一万部を超えるところまで進展したようだった。

相次ぐオーナー、社長の交代

次の九三（平成五）年の衆議院選挙から人口減が進む奄美群島は鹿児島一区に吸収され、「保徳戦争」は収拾に向かう。さらに次の九六（平成八）年の選挙からは全国で小選挙区制度が導入され、奄美群島は鹿児島二区に区割りされ、「保徳戦争」は終わりを告げる。この間、大島新聞社では社長の交代劇があった。九一（平成四）年四月、前田社長が退陣し、代わって原井一郎さん（七

十二歳　一九四九年九月生）が四代目社長に就任する。原井さんは七六（昭和五十一）年、南海日日新聞社から集団転職した一人。当時は二十代後半の現役記者だった。若くして『大島新聞』の編集長を実質、任され、一面コラム「奄美春秋」を執筆。奄美の歴史、風土を織り交ぜたリズミカルな文章が評判を呼んだ。コラム十年間分を取捨選択した『奄美の四季』を農山漁村文化協会の「人間選書」シリーズとして出版している。

その原井さんが社長となり、オーナー格でもあった前田さんが退場したことで、新たなオーナー探しが必要となった。応じてくれたのが与論島出身で東京奄美会の幹事長を終えたばかりの電設会社社長の佐藤持久さん（後に東京奄美会会長を二期）。九三（平成五）年六月、妻の佐藤文子さんをオーナーに据える。『大島新聞』リニューアル時に平田隆義さんが前田さんの求めに応じて出資した百万円は佐藤さんから戻ってきたという。翌九四（平成六）年四月、原井さんは退任し、第五代社長に佐藤夫妻の長男・功久《こうきゅう》さんが就任する。佐藤功久社長は全国の地域紙と交流し、読売新聞社の地域紙との提携構想にも賛同し、九八（平成十）年四月、『読売新聞』から記事の配信を受けることにした。それまでは共同通信社から契約配信（全国の県紙などが行っている加盟とは別）を受けていたが、『読売』からの配信料は格段に安かった。既にみてきたように『今日新聞』（別府市）もこの四年後に『読売』から配信を受ける。『読売』の配信記事は『読売新聞』の紙面用のもので、同紙面で欧米などの通信社からの写真が使われていた場合、その写真は配信されない。読者の関心が高いウクライナ情勢などは地域紙でも報じるが、写真抜きの記事となることが多く、インパクトに欠けることになる。

二〇〇〇（平成十二）年六月、大島新聞社の取締役営業局長が鹿児島県大島支庁で内部告発の記者会見をした。『南日本新聞』（二〇〇〇年六月十日付）によると、営業局長は「部数を五割から七割水増しして公表しており、その分の折り込みチラシ手数料を不正に取得している。入社した五年前から続いている。これ以上スポンサーに迷惑をかけられない」などと語り、焼却処分するために軽トラックに積んだ水増しチラシ数万枚の写真も公開した。大島新聞社側は、水増しは認めて謝罪したが、公称一万二千部のうちの五百〜七百部程度だとして「五割—七割という事実は絶対にない」と否定したという。

全国紙や県紙など新聞業界の闇とされる「押し紙問題」とは趣を異にする。「押し紙」は新聞社が水増しして印刷した新聞を販売店に押し付け、その水増しの新聞代金（卸値）も納入させる。優越的な地位を利用した不公正な取引として独占禁止法違反の疑いがあるとされる。ただ捨てるしかない新聞を多数押しつけられた販売店はチラシも水増しされることから、その手数料が余分に手に入る。これはチラシスポンサーに対する詐欺行為だ。ただ、昨今はチラシ需要が年々減り、販売店に入る余分な手数料も減少。新聞社に支払う余分な新聞代（卸値）の負担だけが増して、販売店側が新聞社を訴える裁判が増えている。今回の大島新聞の場合は、チラシ手数料を販売店ではなく新聞社が得る仕組みだったようで、新聞を水増しして刷って販売店に押しつけることはなく、水増しは数字上だけのものだったようだ。数字上だけでも新聞社の信用に関わる大きな問題ではある。大島新聞社側は報道各社の取材に「今後は日本ＡＢＣ協会に加盟するなどして理解を得たい」と応えた。『島原新聞』（島原市）の項で紹介したように部数の規模が小さい地域紙が公称部数の信用担保となる同協会に加盟するメリットは大きくない。『南海日日新聞』は一時期、加盟したが、現在は入っていない。『大島新聞』も結局、加盟しなかった。

この現職の取締役営業局長が行った内部告発は、大島新聞社の退潮を再び想起させる出来事だった。七年後の二〇〇七（平成十九）年五月、奄美市名瀬のケーブルテレビ・奄美テレビ放送が資本参加し、オーナーには社長の常田裕さん（七十二歳　一九五〇年一月生）が就いた。常田さんは「新聞作りに口出しはしない。新聞の形態に大きな変化はない」、佐藤さんは「退任は一身上の都合で、経営上の問題ではない」とコメントした（『南日本新聞』二〇〇七年五月二十二日付）。佐藤さんに代わる第六代社長には取締役編集長だった邦富則さんが昇格する。一九五九（昭和三十四）年の創刊以来、四番目の経営陣。これを機に社名を替えようという気運が出て、公募した結果、『奄美新聞』と決まり、二〇〇八（平成二十）年一月一日付から改題した。確かに、奄美大島を連想する『大島新聞』より『奄美新聞』の方が奄美群島を網羅する新聞にふさわしい。「営利を抜きに明日の奄美を築くため、最善の努力をいたす覚悟」と、『奄美新聞』改題の元日付特集面を自ら執筆した邦社長だったが、一ヵ月後、「自ら退職する」。以後、奄美新聞社によると、千田重弘さん（奄美市職員ＯＢ）、若松等さん（警察官ＯＢ）、久保田岩洋さん（不動産業）と社長が代わり、二〇二一（令和三年）一月からオーナーである常田さん自身が十代目社長となっている。

紙面より早くＨＰにアップ

奄美新聞社は二〇〇九（平成二十一）年九月、新社屋を奄美市名瀬港町、二つの県道がＴ字で交差する角に移す。一部四階建てのレンガ色ビルで目立つ。正社員は三十一人で、うち内勤の編集に七人、外勤記者は取締役編集長の徳島さんを含め八人だ。ほかに徳之島支局長と沖永良部支局長が記者。東京支局長と鹿児島支局長は非正規社員で取材・執筆している。現在の資本金は一千万円。直近の年間売り上げは約二億円で、販売収入が五割、広告三割、チラシが一割、受託印刷料と電子新聞で一割という勘定になるらしい。

受託印刷は『公明新聞』で数百部。残念ながら『南海日日』の受託印刷『聖教新聞』よりケタ違いで少ない。電子新聞は、『有明新報』(大牟田市)、『宮古新報』(宮古島市)、『八重山新報』(石垣市)同様、新聞オンライン社(東京)の「SHIMBUN ONLINE」などで売っている。ただ『読売新聞』からの配信記事部分は契約上、使えない。白抜きにする作業をしているらしい。紙の購読料は月千八百五十円(税込み)で、本土などへの郵送は三千二百九十円だ。休刊日は毎月第三月曜だから『南海日日新聞』とずれることが多い。日本新聞協会加盟の『南海日日』は多くの全国紙、県紙などと同様、月一回の休刊日は月の前半の月曜などが多い。『奄美新聞』と『南海日日』の休刊日が重ならないことで、ぜひモノの死亡広告などの需要にどちらかが応じられる。

基本十ページの構成はライバル紙『南海日日新聞』と似ている。一面はカラーで地ダネ中心。コラム「奄美春秋」は五人で書いている。二面は内政や海外ニュースを『読売』配信で。会期中の地元の町村議会も扱う。三面はカラーで写真グラフなど特集や全面広告など。四面はあすのテレビ欄と当日のラジオ番組欄。五面に当日の地元市町村の動き、地元の主な病院の受付情報などの「島じまだより」のほか、暮らしの地元ネタや内外メディア通信社(横浜市)のプロ野球裏話などで埋める。六面は硬派ネタの『読売』配信記事や内外メディア通信の政界裏話、地ダネなど時々で変わる。スポーツ面になることもある。七面はスポーツ面で『読売』配信と地ダネ。第二社会面の八面はカラーで基本、地ダネで埋まる。第一社会面である九面もほぼ地ダネだ。これが火曜付から土曜付の紙面構成で、日曜と月曜付は二面と三面がスポーツ面になる。週末はスポーツネタが多いからだ。内政・海外ニュースは七面にずれる。社説はない。読者投稿コーナーもない。投稿が一定数集まった段階で不定期に掲載するという。

四コマ漫画は『南海日日』同様、社会面ではなく、内外・海外ニュース面に配置されている。ペンネーム・ただの乙子という地元の男性作家による「クロちゃんのよりより島ライフ」で、アマミノクロウサギのような黒いウサギと共に暮らす人間の一家の日常が描かれている。ただの乙子氏は『南海日日』でも週に一回、奄美の昔話をモチーフにした四コマ漫画を提供している。

刷り出しは午前0時から一時ごろ。HPには毎日、四～五本の地ダネを基本、その日のうち午後十一時ごろにアップしている。一面、第一、第二社会面のトップ記事は必ず含まれる。紙面と同じ行数で写真も紙面と同じだ。新聞を購読していない人でも主な地ダネは無料で紙面より早く読める。『南海日日』のHPのように多様なコンテンツはないが、ニュースのアップ時間は『南海日日』(午前六時ごろ)より七時間早い。ヤフーニュースにもHPと同様の記事を提供している。こちらは紙面が出た日の正午前にアップするという。

『南海日日』より部数が少なく、記者の数も少ない。給与も低い。それでも二紙が存在することは地域にとっては歓迎される状況だ。行政の発表ネタや大きなイベントなどは二紙ともに報じるが、扱いや掲載日が違うことはある。記者が発掘する話題や問題提起のニュースはそれぞれにある。中川専務は、『南海日日』との違いについて、「うちは何でもアリです。『南海』さんが行かないところでもうちは取材に行きます」。取締役編集長の徳島さんも冒頭紹介したように「行政だけでなく市民の声、地域の声を拾い集める」と語った。ゲリラ的に在野の声を大事にするということなのかもしれない。

二〇二二（令和四）年五月二十六日付『奄美新聞』社会面トップは、徳之島町がアナログからデジタルへの切り替えで全戸に配った防災ラジオが一部の地域三百戸で受信できない状態が二カ月以上続いていることを報じた。町も不備を認め、基地局増設を決めたという。その後二週間を見る限り、『南海日日』はこの問題をフォローしていない。この独自ダネを報じたのは、徳之島支局長の米良《めら》重則さん（六十七歳　一九五五年二月生）。元々、徳之島の伊仙町出身で、地元の週刊紙『徳州新聞』[1]の記者をしていた。奄美新聞社は一九八五（昭和六十）年、その米良さんを迎え

---

[1] 戦後、米軍統治下の奄美大島で『奄美タイムス』を立ち上げた一人、小林正秀が米軍政府の度重なる報道への圧力に嫌気がさし、同紙を「廃刊」し、生まれ故郷の徳之島で一九五三年、『南西日報』を創刊する。週三回発行だったが、六一年、『徳州新聞』に改題し、週刊紙に。八二年から経営を任された建設会社社長は八五年、『徳之島新聞』に替え、九二年に実質廃刊した。

る形で徳之島支局を開設し、以来ずっと米良さんは支局長を務めている。一方、南海日日新聞社の徳之島総局は、総局長として記者一人が異動で赴任し、数年間勤務する。四十年近く徳之島で記者をしている人と、本社から来て数年で本社に帰る人。一長一短はあるだろうが、米良さんの方が徳之島の事象を長い時間軸で見ることができるのは確かだろう。「地域の新聞として、いいことも厳しいことも書きます」。一生を過ごす住民として馴れ合いになることは、記者として避ける覚悟を持ち続けているようだ。

沖永良部支局は一九九五（平成七）年に開設し、現在の支局長・逆瀬川弘次さん（四十三歳　一九七八年八月生）は二〇一二（平成二十四）年五月、着任している。沖永良部島・和泊町出身で、NHK水戸放送局で映像編集スタッフをしていたが、二〇一一（平成二十三）年三月の東日本大震災後、帰省したという。着任して十年。本社から異動で来る『南海日日』との違いにはさまざまな思いもあるようだが、「過去を知っている」強みは感じている。

鹿児島支局は二〇〇八（平成二十）年に営業担当用に開設したが、まもなく閉鎖。二〇一〇（平成二十二）年四月、『鹿児島新報』（鹿児島県の県紙の一つ。二〇〇四年に廃刊）記者だった政《つかさ》純一郎さん（四十七歳　一九七四年十二月生）が自宅を職場に契約社員の支局長になった。鹿児島のスポーツを盛り上げるNPO法人を立ち上げ、専門サイトを運営する政さんは、同志社大学時代、浅野健一ゼミでメディアのありようを学んだ。『奄美新聞』の記者になって十二年。「『南海』さんは新聞の王道であり、『奄美』は二番手らしく独自の道を歩んでいるような感じを受ける」という。「新聞社の常識にとらわれず、自由闊達に書きたいことを書けます」

新聞社という組織の潤滑のためには支局も異動で人を回す方がいいだろうが、個性ある支局長が居座り、発信を続けるのも二番手らしい生き残り方か、とも思う。その延長線で、『南海日日』も支局を置いていない喜界島、与論島に地元在住の記者を発掘して支局を設ける挑戦をしてみてもいいのかもしれない。

第九章　宮古毎日新聞　沖縄県宮古島市平良西里

島初の日刊紙、歴史刻む
「政治的公平」で部数拡大

離島の場合、その島で印刷・発行している地元紙が本土の全国紙や県紙より圧倒的な存在感のあることは『南海日日新聞』、『奄美新聞』で見てきた。沖縄県でも宮古地方・宮古島の二紙、八重山地方・石垣島の二紙は全国紙、県紙を部数で圧倒している。ただ沖縄県は県自体が島々から成り立っている。全国紙は、沖縄本島・那覇市で印刷している『日本経済新聞』(琉球新報社が二〇〇八年から受託印刷)以外は、福岡(西部版)か東京(東京版)から空路運送されている。そんな離島県である沖縄全体の新聞事情も押さえておこう。「読売新聞メディアガイド２０２１‐２２」によると、全国紙の沖縄県での部数は『朝日新聞』が八百三部、『読売新聞』五百七部、『毎日新聞』二百四十六部、『産経新聞』二百二十三部で、現地印刷の『日経』が五千八十六部(いずれも日本ＡＢＣ協会の二〇二〇年下期レポートから)。

一方、沖縄本島・那覇市に本社を置く『沖縄タイムス』の部数は十三万九千七百三十五部(二〇二二年六月十五日現在)、同じ那覇市の『琉球新報』は十三万八千九十五部(同七月一日現在)。両社はＡＢＣ部数を出していず、それぞれの折り込みチラシ用からの数字だが、部数が十万以上

伊志嶺幹夫社長

宮古毎日新聞社編集職場

宮古毎日新聞

2022年（令和4年）2月27日 日曜日

第21335号

優秀指導者に与那覇さんら

市スポーツ協会

23個人6団体を表彰

スポーツ振興への功績たたえ

宮古コロナ陽性10人

県内新規感染800人超

県内新規感染者854人・宮古10人

きょう宮古本因坊1次予選

決勝リーグに進む3人選抜

本社主催

植物園に「730」

復帰50年 記念し花で彩る

4月の電気料金 7社が引き上げ

お天気

県民サロン

新型コロナウイルス ワクチン追加（3回目）接種のお知らせ

新型コロナウイルス「感染再拡大抑制期間」のお知らせ

『宮古毎日新聞』2022 年 2 月 27 日付

宮古毎日新聞社

の県紙に対し、百ケタの全国紙はないに等しい。県紙が二紙併存できているのも全国紙の影響がないことも関係しているかもしれない。外部の影響を受けない閉ざされた世界、社会では対抗馬が生まれ育ちやすい。閉ざされた社会なりの健全さの一端とも言える。両紙を合わせると部数は二十七万七千八百三十部になる。沖縄県の世帯数は六十二万九千四百八十二戸（同県の二〇二二年六月一日現在推計）だから両紙で四四・一％の世帯占有率となる。ただ両紙の部数は沖縄本島に偏っている。『沖縄タイムス』は本島だけで十三万五千七百八十部（九七・二％）、『琉球新報』が十三万四千四百十三部（九七・三％）を占める。沖縄県には沖縄本島と橋などでつながっていない有人離島が三十七あり、海を隔てると紙の新聞はなかなか届かない。宮古、八重山地方という一定の人口がある離島には地元紙が生まれて、育った。

五〇％超える世帯占有率

沖縄本島から南西に三百キロ近い海上、宮古島（宮古島市）にある地域紙『宮古毎日新聞』の部数は一万五千四百部という。同紙の販売エリアには西方六十キロの多良間島（多良間村）も含まれ、約二百部が空路、配達されている。二〇〇三（平成十五）年から沖縄本島にも百部余り配達しているらしい。こちらも毎朝、空路運ばれている。ただ送料（月三百円）を二〇二一（令和三）年からとっている。ざっと一万五千部が配られている宮古島市は二万九千二百四十世帯（人口は五万五千五百三十八人、二〇二二年六月末現在）だから宮古島でのシェアは五一・三％に上る。二軒に一軒は『宮古毎日新聞』を購読している勘定だ。多良間村は五百二十二世帯（人口千九十人、二〇二一年十一月末現在）だからシェアは三八％ほど。一方、県紙『沖縄タイムス』は宮古地方で千百八十部、『琉球新報』が千百十五部とされている。

購読料は月千九百九十八円（税込み）。同じ料金で二〇二〇（令和二）年から紙面の電子版販売もネットで始めており、現在百五十件の購入があるらしい。島外の人が多いのではないかと想像しやすいが、「宮古島の人が六割です」と伊志嶺幹夫社長（六十六歳　一九五五年十月生）。紙ではなく、ネットでいいという需要が出てきているとみていいのかもしれない。紙の刷り出しは、地元で選挙などあれば午前0時を過ぎるが、通常は午後十一時半。専属の配達員が百五人にいる。宮古島市街地の配達員は新聞社に来て、自分の担当分の部数を持ち帰って各戸に配る。それ以外は、新聞社が各配達員の自宅まで配送するという。かつては「離島の離島」と言われた池間島とは一九九二（平成四）年、延長千四百二十五メートルの橋（県道）で宮古島と結ばれ、来間島とも九五（平成七）年、千六百九十メートルの橋が農道として開通。さらに伊良部島とは二〇一五（平成二十七）年、三千五百四十メートルの橋（県道）でつながり、陸送で配達できるようになった。休刊日は月に四回、月曜付が基本。旧暦のお盆と正月、各一日も休刊するらしい。

創業者は地元政治家に

日本各地の地方紙は、戦時中の一県一紙政策で地域紙も含めて統合された一紙が戦後も同じ名前で、あるいは名前を変えて、県紙として進展してきた例が多い。奄美の場合は、『南海日日新聞』の項でみてきたように、まず奄美大島・名瀬にあった地域紙、雑誌が統合されて一紙になり、その一紙も本土で統合された県紙一紙に経営的に吸収・統合された。しかし、『宮古毎日新聞五十年史』によると、離島県である沖縄の場合は、沖縄本島で一紙、宮古地方で一紙、八重山地方で一紙と県内三紙の存在が許された。米軍政下の戦後、宮古地方・宮古島の一紙は軌道に乗れず、代わって複数の新聞が創刊されるが、長続きしなかったようだ。一九五五（昭和三十）年当時は『時事新報』など三紙があった。いずれも表裏二ページで週刊か隔日発行だったらしい。「これではニュース性がない。時の流れに遅れる」と九月十九日創刊されたのが宮古島初の日刊紙『宮古毎日新聞』だった。ブランケット判二ページが基本だったが、創刊号は八ページ建てだった。

立ち上げたのは地元出身のたたき上げの実業家で平良市（現・宮古島市）議会議員でもあった真栄城徳松《まえしろとくまつ》さん。当時四十四歳。十代後半は大阪で丁稚奉公し、帰郷後の米軍占領下では、群島内の渡航も禁止なのをかいくぐって密航して物資売買。一九五〇（昭和二十五）年には島に映画館をオープンさせ、成功を収める。創刊した『宮古毎日』では、米兵の暴行事件や島民の苦しい生活ぶりを報じるなどスタートは順調だったようだ。ただ、市議でもあった真栄城さんは政治への関心も依然、高かった。

創刊翌年、五六（昭和三十一）年の琉球政府立法議員選挙のやり直し選挙に立候補する。対立候補はライバル紙の社長。選挙最終日には、互いに相手候補を貶めるような号外を出し合ったらしい。幸い、真栄城さんが僅差で初当選するが、「政治に左右されない新聞を目指した理念を自らの手で失った」と『宮古毎日新聞六十年史』は紹介している。立法議員となった真栄城さんは、宮古島に乱立する小型製糖工場を一本化して大型工場にする政治目標を立てていた。しかし、既存の工場や取引業者などは反発。『宮古毎日』も「大型工場新設の動きは立ち消え」などと報じたらしい。真栄城さんはそうした自社の報道に介入はしなかったようだ。次の立法議員選挙（一九五八年）にも挑戦し、二期目の当選を果たす。

この二回の立法議員選挙に真栄城さんはかなりの資金を費やし、自らのさまざまな事業の縮小も余儀なくされる。新聞経営からも身を引くことを決める。後任には尋常小学校の同期生で真からの新聞人であった編集局長の平良好児《たいらこうじ》さんが目されたようだが、真栄城さんはその選択はしなかった。琉球政府宮古地方庁長を退任したばかりの池村恵信《けいしん》さんを五八（昭和三十三）年三月、第二代社長に据える。一方、真栄城社長の政治的意向には斟酌せず、紙面編集を行っていた平良さんは翌五九（昭和三十四）年、編集局長を辞めて退社し、翌六〇（昭和三十五）年、自ら新しい新聞社を立ち上げる。代わって編集局長になったのが山内朝保《やまのうちちょうほ》さんだった。山内さんは戦後まもない四五（昭和二十）年十二月に創刊された『みやこ新報』の立ち上げに平良さんらとともに関わり、その後、『宮古時事新報』の主筆。米軍政下では重要な機関であった宮古琉米文化会館長を務めた。そんな山内さんの編集局長招へいは真栄城さんの意向で、真栄城さんは宮古毎日新聞社自体を山内さんに譲る。山内さんは、真栄城さんの兄で、飲食店やコンクリートブロック工場など手広く事業を展開していた徳英《とくえい》さんの支援を受けて六一（昭和三十六）年三月、新聞社のオーナー兼三代目社長に就任する。

このころの宮古毎日新聞社は個人経営の形だったが、株式会社（一九八七年）になった現在も資本金四千五十万円の主要株主は山内朝保さんと真栄城徳英さんの子息たちだ。新聞経営を山内さんに譲って身を引いた真栄城徳松さんは六〇（昭和三十五）年に立法議員三期目の当選を果たし、六三（昭和三十八）年九月、平良市長選に無投票当選。六七（昭和四十二）年九月に二期目当選となるが、六九（昭和四十四）年、やり直し選挙に破れ、政治生活からも身を引く。

実業家手腕で経営立て直し

宮古毎日新聞社は当初、創業者・真栄城徳松さんが建てた三階建てビルの二階を使っていたが、真栄城さんが三回の立法議員選挙で多額の資金を使ったことから同ビルは明け渡す。三代目の山内社長時代は社屋が二転三転する羽目に陥る。一九六七（昭和四十二）年、米軍政下の沖縄にNHK絡みの特殊法人・沖縄放送協会（OHK）が沖縄本島・豊見城に設立され、宮古島にOHK宮古放送局、石垣島にOHK八重山放送局も開設される。宮古、八重山地方にとっては初めてのテレビ放送。地元の新聞社にとってはライバルの報道機関が現れたことになるが、紙面には電機メーカー各社のテレビ受像機の広告が大きく掲載された。紙面にテレビ欄も初めて登場する。民放登場は九三（平成五）年まで待たなければいけない。NHKの番組視聴に「テレビを付けると電灯が消えた」「洗濯機が動かなくなった」といった電気供給事情の悪さを伝える記事も載った。

翌六八（昭和四十三）年八月、ライバル紙『宮古時事新報』を引き継いだ座喜味弘二《ざきみこうじ》さんが『宮古新報』と改題して創刊する。宮古島では『宮古毎日新聞』以外にもさまざまな新聞が出没するが、現在も発行を続けるライバル紙はこの『宮古新報』だけだ。七二（昭和四十七）年五月十五日、沖縄は日本に復帰する。『宮古毎日』も同日付で復帰記念特集を三部まで組み、「本土の教育

法規　今日から適用へ」などと米軍政下から変わる制度も紹介した。八〇（昭和五十五）年、山内朝保社長はオフセット印刷機を導入。従来の二ページ建て基本から常時四ページ建てで発行を始める。このころ部数で『宮古新報』に負けていたようなので挽回策の一手だったのだろう。ところが行く手にさらに困難が待ち受ける。一九〇四（明治三十七）年生まれの山内さんは八十歳も近づいていたことから長男で福岡高裁那覇支部判事をしていた啓邦《ひろくに》さんに社長職を譲ろうと考えていた矢先だった。八二（昭和五十七）年五月一日、『日刊宮古』が創刊する。創業したのは元平良市長の平良重信さん。平良市長を本土復帰前後に各一期務め、通算三期目途中で引責辞任（収賄容疑で逮捕）していた。商工関係者にも幅広い人脈があり、『宮古毎日』にとって侮れない新たなライバル紙の誕生だった。島に三つの新聞は難しいという見方が広がるなか、劣勢となっていた宮古毎日新聞社は危機感を募らせる。

山内啓邦さんは父・朝保社長の願いを受けて、高裁那覇支部を依願退職し、那覇市に弁護士事務所を開設するとともに同年七月、宮古毎日新聞社の第四代社長に就任する。ただ直近の島の新聞事情を考えれば、新聞経営に全く素人の自分では難しい。啓邦社長は副社長に真栄城《まえしろ》宏《ひろし》（一九三九年二月生）さんを充て、社の経営を実質的に任す。真栄城副社長は、山内朝保さんをオーナー兼社長にする際に支援した真栄城徳英《とくえい》さん（創業者・徳松さんの兄）の三男。山内啓邦・新社長の妻の弟でもあった。父親の事業を継ぐなどして地元経済人として活躍し、宮古青年会議所の理事長も経験していた。

真栄城副社長は早速、宮古毎日新聞社の立て直しに乗り出す。まず紙面。一面肩に「今日の話題」という囲み記事を置き、地元の政治経済、教育文化などをテーマにわかりやすく説いた。行政に対する市民からの疑問を紹介する「ダイヤル１１０番」というコーナーも設けた。八三（昭和五十八）年十月には文字の拡大にも取り組み、一行十四字組みだったのを十二字組みに変更する。全国初の試みだったらしい（『宮古毎日新聞五十年史』）。八四（昭和五十九）年七月からは一面に「朝日新聞ニュース」という枠も設ける。『朝日新聞』が報じた直近の内外のニュースを短信形式でまとめて配信してもらったという。同年末には山内社長の那覇市にある法律事務所内に那覇支局を設置。県政ネタや沖縄本島に住む宮古出身者の話題も取り上げた。

販売部門にもメスを入れる。当時、『宮古毎日新聞』は約三千五百部印刷していたが、社に購読者管理台帳的な資料はなかったらしい。精査した結果、購読料を集金できていたのは二千部未満であったことを重視。未納購読者宅を回り、契約を増やした。宮古島島内でも郵送だった地域にも配達できるように体制を改めたという。さらに読者層の拡大にも努める。同紙は創刊以来、保守系の新聞とみられ、異動で沖縄本島などから来ていた教職員などは「県紙の方を信用していた」（伊志嶺現社長）状態だったのを、真栄城副社長は「新聞の中立性」を打ち出し、「政治からの中立」を実行。結果、「購読者は確実に増えていった」（『宮古毎日新聞六十年史』）。こうした販売対策が功を奏し、八九（平成一）年には六千三百部まで部数を伸ばしたという。八五（昭和六十）年四月、第一回全日本トライアスロン宮古島大会が開かれる。当時は珍しかった競技の全国大会とあって本土からも多くのマスコミが取材に来島し、ＮＨＫは全国中継した。地元にとっては大イベント。『宮古毎日』は総力を挙げて取材し、四ページ中三ページを使って報じた。八七（昭和六十二）年四月、株式会社として法人化を果たす。役員には新たに出資者となっていた真栄城副社長の兄弟も加わった。

翌八八（昭和六十三）年六月、山内社長は会長となり、真栄城副社長が社長に就任する。八九（平成一）年九月、紙面を基本六ページ建てに増やす。九五（平成七）年三月には八ページ建てになり、時事通信社と契約し、国内外のニュース、プロ野球・大相撲などスポーツニュースも紙面掲載を始める。と同時に、それまで唯一の地ダネ以外のニュースだった「朝日新聞ニュース」コーナーは終了する。同四月には日本新聞協会に加盟する。加盟によって、政府広報や県広報などの広告も受注できるようになったという。このころには、その創刊時、警戒した『日刊宮古』は既に廃刊となっていたようだ。九七（平成九）年にはカラー印刷も可能となり、十ページ建てが基本となったらしい。翌九八（平成十）年、新聞協会に加盟する地域紙でつくる「全国郷土紙連合」にも加わる。新聞協会には現在、二十二の地域紙が加盟しているが、そのうちの十二紙で「連合」をつくっている。前項の『南海日日新聞』、これから紹介する『八重山毎日新聞』も入っている。地域紙同士の情報交換、交流を図り、広告主に対する信用を高める狙いがあるようだ。

二〇〇三（平成十五）年二月、東京支社を開設（二〇二一年六月閉鎖）し、〇五（平成十七）年九月には創刊五十周年を祝う祝賀会を盛大に行う。この年、発行部数は一万七千部。ライバル紙『宮古新報』を追い越し、差を広げたようだ。創刊時、二十人ほどだった社員は三十八人に増えていた。同年十月、平成の大合併の一環として宮古島市が誕生する。宮古島にあった平良市、城辺《ぐすくべ》町、下地町、上野村と伊良部島の伊良部町の五市町村が合併した。宮古島から七十キロほど西海上にある多良間島の多良間村は加わらなかった。多良間島は八重山地方とされる石垣島までは三十五キロと、宮古島より近いが、宮古地方に属している。五市町村が合併した宮古島市の誕生で記者が担当する行政、議会なども一つになり、余った記者の配置が社の課題となる。真栄城社長は社員の再配置問題と合わせ就業規則を見直し、新たな社内規則を導入する。細かな業務日報の提出なども義務付けたようだ。

「ワンマン社長」に組合で対抗

宮古島市は、定期便が飛ぶ二つの空港をもつ珍しい自治体だ。宮古島にある宮古空港は二千メートルの滑走路を持つ一般的な空港だが、伊良部島と隣接する（複数の橋でつながっている）下地島にある空港は滑走路が三千メートルもある。元々は、国内初の民間ジェット機訓練空港として一九七九（昭和五十四）年に開港する。空港の建設計画が明らかになったのは米軍統治下の六九（昭和四十四）年。当時は、ベトナム戦争中で、沖縄の米軍基地から爆撃機が出撃していたので、「軍事利用が目的では」という声も起こる。地元は賛否に別れ、大揺れし、『宮古毎日新聞』もその動きを報じた。最終的に琉球政府と日本政府との間で「民間以外使用しない」と確認書を交わせて、決着していた。

ところが地元の伊良部町（当時）は二〇〇一（平成十三）年四月、下地島空港への自衛隊機訓練の誘致を決める。住民説明会を三日間開いたところ、反対意見はほとんど出なかったらしい。これを受け、町議会も全会一致で誘致を決議する。空港は日本航空や全日空が機長昇格訓練などに使っていたが、模擬飛行装置の導入などで使用回数が減り、町に入る航空機燃料譲与税も減少していた。その打開策として、自衛隊誘致での交付金などに期待したようだ。こうした状況下、『宮古毎日新聞』は緊急世論調査を実施する。電話帳を使って無作為に選んだ二十歳以上の住民三百五十人（伊良部町から百人、残る五市町村から二百五十人）に電話で聴き取り調査した。その結果、五市町村は賛否が拮抗したが、地元・伊良部町民は過半数の五四％が賛成、反対が四三％だった。町民説明会ではほとんど出なかった反対の意見が四割もあるというのはニュースだった。結局、町は県の反対意向もあり、誘致を断念するが、この緊急世論調査は、地域の実情に客観的に迫るという地元紙の役割を果たした好例を言えるだろう。

記者たちの地域を良くしたいという思い。そのための取材、紙面化を自由に論議できる編集職場は重要だ。しかし、宮古島市誕生に伴って課題とされた職場再編の影響か、社内はぎすぎすした雰囲気になる。実績を元にワンマン体制となった真栄城社長が編集への関与を強めたのだ。『朝日新聞』（二〇〇九年七月二十七日付）によると、その日の紙面の見出しをめぐり社長と対立した編集局長が最終的に退職に追い込まれる。正社員だった記者が突然、契約社員になった。包まれる閉塞感。社員たちは自由な職場環境を求め、二〇〇六（平成十八）年五月、労働組合を結成する。契約社員やパートなども含め三十九人が加入したらしい。組合立ち上げに尽力し、下地島空港への自衛隊誘致問題で緊急世論調査を担当した恩川順治記者（一九六三年八月生）は編集局次長兼整理部長だったが、〇七（平成十九）年春に校正部に異動させられ給与も下げられてしまう。

宮古島の一大イベントとなっていた「全日本トライアスロン宮古島大会」は、地元紙として毎回、紙面も大展開で報じてきたが、〇九（平成二十一）四月の第二十五回大会は例年の三分の一程度の扱いとなってしまった。記者たちが同僚組合員の雇い止め撤回を求めてストライキを決行したためだった。「苦しい決断だった」と恩川執行委員長は『朝日新聞』（二〇〇九年七月二十七日付）で語っている。同年十一月、沖縄県労働委員会は会社側の組合員に対する威圧を認め、宮古毎日新聞社に対し、不当労働行為の禁止を命じる救済命令を出す（『朝日新聞』二〇〇九年十二月一日付）。しかし、その後も組合員は減り続け、現在は恩川さんら三人という。「契約社員の社員化など一定の成果はあった」と垣花尚副委員長（五十三歳　一九六八年七月生）は振り返る。

二〇一〇（平成二十二）年七月、真栄城社長は代表取締役のまま会長となり、主に営業畑を歩んできた平良覚《たいらさとる》専務が第六代代表取締役社長に就任。一六（平成二十八）年九月、宮古毎日新聞社は初めての自社ビル（四階建て）を完成させる。二十七歳で入社し、三十代前半で早くも編集長から昇格した伊志嶺さんの経歴は珍しい。一八（平成三十）年五月、第七代社長に専務から昇格した伊志嶺さんの経歴は珍しい。

「当時、記者は四人ぐらいでしたし」と伊志嶺さん。三十四歳で社の関連会社に籍は置いたまま出身地の城辺町議会議員になり、議長まで四期務める。合併で町がなくなり宮古島市が誕生したため、四十九歳で新聞社に戻ってきたという。依然、主要株主でもある真栄城さんは取締役顧問として部屋を与えられ、常勤している。売り上げはざっと四億五千万円。「少し前までは広告が多かったが、今は販売で半々ぐらい」と伊志嶺社長は語った。

身近な情報で紙を維持

現在、社員は三十八人（正社員三十人）で、うち記者は本社に七人、那覇支社（二〇一〇年、支局から格上げ）に三人。大半は五十代だが、時事通信社に研修中が一人いて、二十代だ。非常勤で主要株主である山内忠代表取締役会長（山内啓邦元社長の長男）の長男で、将来は経営にも加わることになるとみられる。紙面を作る整理・制作部門は八人だ。

紙面は基本十ページ建てで、一面は基本地ダネ。コラム「行雲流水」。二〇一〇年当時はベテラン記者が交代で週に一、二回書いていた。社説はないので、論説機能を補完している面もあったようだ（関西大学経済・政治研究所研究双書第１５４冊『日本の地域社会とメディア』二〇一二年三月）。現在は外部委託の三人が週に二－三回執筆している。二面と三面は時事通信配信の国際や内政ニュースがメーンだ。二面には那覇支社から沖縄県政ネタなども掲載される。また三面には『毎日新聞』の一面コラム「余録」が一日遅れで毎日、掲載されている。毎日新聞社特別編集委員らの署名記事も時々、『毎日新聞』掲載後に転載される。『読売新聞』が、『今日新聞』や『奄美新聞』などの地域紙に行っている配信とは違って、紙面掲載後の記事・写真の転載。「紙面の質を上げよう」（伊志嶺社長）と一九九九（平成十一）年三月から契約している。

四面は調整面的な扱いのようで、地ダネや時事通信の配信、スポーツ、テレビ番組の話題など柔らかいネタが掲載される。識者など読者の投稿も随時、囲み記事で紹介されている。定期の投稿コーナーはない。五面はスポーツ面で時事配信が中心だ。六面は特集や全面広告など。七面は地元の暮らし情報コーナー。行政関連やスポーツなどの催し、イベントの参加者募集などが毎日掲載されている。八面、九面は社会面で基本、地ダネで埋まる。時事通信配信の全国的な社会ネタは短信扱いで載せている。最終の十面はテレビ番組欄だ。四コマ漫画は週一回、日曜付の第二社会面に地元の作家がかいている。月曜付休刊が基本の同紙。日曜付は翌日のテレビ欄なども載せるため十二ページなることが多い。

ＨＰには一日五本のニュースを午前九時ごろアップする。一面、社会面の各トップ、準トップの記事が中心で、二本は記事全文を掲載するが、残り三本はリード部分と写真のアップにとどめている。コロナ関連など速報も随時アップしているようだ。冒頭に紹介したように紙面の電子版は、紙面と同じ月千九百九十八円（税込み）の料金で、現在約百五十人が契約している。その六割は宮古島在住の読者。目標の五百件には沖縄本島をはじめ島外、本土からの購読者も増えることが期待されるが、まだ時間がかかりそうだ。毎朝午前五時にアップしている。

新聞業界は全国紙、県紙、地域紙とその規模にかかわらず、いずれの社も配達員の確保に悩んでいる。宮古毎日新聞社も同様だ。もし紙ではなく電子版などネットでの有料購読者が増えれば配達員確保に苦しまなくて済む。現在、電子版契約の六割は紙ではなくネットでいいという島の読者であることから、紙からネットへの購読者切り替えは可能性があるとみることはできる。それにはネット料金の値下げ、ネット情報サービスの拡充など課題もあるだろう。しかし、伊志嶺社長は、紙の購読者が「極端に減ってはいかないだろうと思う」と語る。同社の労働組合執行委員長の恩川さん（五十八歳）も「ネット時代になればなるほど、こんな小さな地域の新聞は強みが出てくる」と言う。インターネット時代は、だれでもどこからでも全世界に向けて発信できるが、一定の地域のさまざまな情報、ニュースを網羅したネットのサイトが経済的にも安定して運営できる状況にはなっていない。まだ一覧性のある紙の新聞の存在が大きい。「今の五十代の購読者が八十代半ばになるまで、あと二十年、三十年は大丈夫では」と恩川さんはみる。

地域の身近な情報、ニュース、課題があればそれも地域のために裏付けをとって報じる。小さなコミュニティーゆえに行政と癒着してしまいそうだが、行政に問題があれば書く。その思いは恩川委員長、垣花副委員長も伊志嶺社長も変わらなかった。宮古地方にもう一紙『宮古新報』が存在することについては、伊志嶺社長は「これまで一紙だけという経験はないですし、競争した方がいいと思います」と話した。

第十章　宮古新報　沖縄県宮古島市平良西里

『八重山日報』と連携報道を」
県紙対抗の「先島紙」目指す

『宮古毎日新聞』のライバル紙『宮古新報』は二〇一九（平成三十一）年一月、全国の新聞、テレビから取り上げられた。宮古新報社の労働組合が、座喜味《ざきみ》弘二社長の長年にわたるセクハラ、パワハラは耐えきれないと社長に退任を迫る。これに対し座喜味社長は会社の譲渡先を探るとしていたが、突然、全社員十四人の解雇と会社の精算を表明。社員らは動揺しながらも解雇通知の受け入れ拒否と新聞の自主発行を決める。半世紀にわたって地元の新聞社主として評価を受けてきた座喜味社長は当時八十七歳（翌二〇年二月、八十八歳で死亡）。報道や情報番組などでは、仕事中、社長室でアダルトビデオを大音量で見る、そのビデオの整理を女性社員らに行わせる、自分の爪を女性社員に切らせたなどという話が紹介される。帽子をかぶった座喜味社長はカメラの前で、セクハラを否定して「おばあばっかり」、社員を「やっかいな連中」などと声を荒らげた。

一方、残留を決めた社員十人は賃金の保障もないまま新聞発行を続けた。当時、発行部数は一万二千部とされた。基本八ページ建てだったのを四ページに縮小して敢行。十人中、記者は三人。四ページでも大変な日々だったろうが、「島に二紙は必ず必要」と市民からの声援も受け、「地域

宮古新報
宮糖城辺工場が操業開始
平均甘蔗糖度は13・35
初日の搬入量は187ト
社員の解雇撤回を要求
新聞発行の継続強調

解雇撤回要求の労組会見を報じる
2019 年 1 月 12 日付

宮古新報
「豊かな島づくり」決意
コロナ対応、所得向上も
座喜味市長が施政方針
宮古島市新規12人
県内1029人、32日ぶり1000人超
378億円予算など42件上程
市議会3月定例会開会
防火の誓い新た
園児ら元気に「火の用心」
平良金属 スクラップ工場
富士自動車整備センター
しんせいタクシー 78-3326
アパマンショップ 宮古島店 0120-73-5933

『宮古新報』2022 年 3 月 2 日付

新城竜太社長

宮古新報社

の新聞として使命を果たす」思いだったようだ。購読をやめる人がいる一方、新規購読や広告で支援する人もあったらしい。

二十日間、社員が自主発行

『宮古新報』の創刊は一九六八（昭和四十三）年八月一日。座喜味さんが一九五一（昭和二十六）年創刊の『宮古時事新報』を引き継いで、改題した。当時、三十七歳。元々、『宮古時事新報』の記者だったらしい。八一（昭和五十六）年にはカラー印刷機を導入している。当時の『宮古新報』を『宮古毎日新聞五十年史』は、「座喜味社長はマスコミ界のベテランで会社基盤もしっかりしていた」と紹介している。『宮古毎日新聞』の紙面カラー化（一九九七年）より随分と早かった。九五（平成七）年一月、那覇支局を開設。こちらは『宮古毎日』より九年遅れた。九八（平成十）年四月、読売新聞社と記事配信の契約を結んでいる。『宮古毎日』は九五（平成七）年に時事通信社と配信契約している。

両紙とも朝刊で、通常の新聞の大きさであるブランケット判。ページ数は『宮古毎日』が九七（平成九）年から基本十ページ建てに対し、『宮古新報』は八ページ建てを基本にしていた。部数はそれぞれ自社公称だが、『宮古毎日』が現在一万五千四百部、『宮古新報』が騒ぎのあった二〇一九年初めで一万二千部。両紙を合わせると二万七千部強となり、宮古地方（宮古島市と多良間村）の総世帯数二万九千七百六十二戸（宮古島市は二〇二二年六月末現在　多良間村は二一年十一月末現在）にほぼ近い。実数はこの公称より数千部単位で少なかったとしても両紙がいかに地元に浸透しているかを物語っている。創刊が十三年早い宮古毎日新聞社は現在、七代目の社長だが、宮古新報社は五十年以上ずっと、座喜味社長が君臨してきた。

日本新聞労働組合の機関紙『新聞労連』（二〇一八年十二月一日付）によると、宮古新報労組が結成されたのは二〇一〇（平成二十二）年一月。五人でのスタートだった。当時から座喜味社長は社員を威嚇し使用人扱いするなどワンマンぶりを発揮。女性社員に対するセクハラも横行していたという。一八（平成三十）年十月、社員の信頼の厚かったベテラン編集長が社長と対立し、退職に追い込まれると、社員の危機感は一気に高まり、大半が組合に加入したらしい。臨時大会を開き、社長退陣を掲げてストライキ権を確立する。これに対し座喜味社長は最終的に全社員十四人の解雇を決めたことから、十人の社員で四ページの新聞の自主発行を始める。新聞労連や宮古毎日新聞労組を含む沖縄県マスコミ労働組合協議会などが支援に駆けつけた。早速、島内の各戸に「新聞続けます」と題した「手紙」をポスティングしたり、直接、手渡した。「今どうなっているの？」「がんばれ」「負けるな」と励ましの言葉ももらったという。「宮古新報が廃刊になれば、宮古毎日新聞を読めばいいという問題ではない」「地元の新聞社が一つになれば、比較しようがない」「新聞社が二つあることで、お互いに切磋琢磨することもできる」などと認めた読者からの投稿もあり、紙面に掲載した。

宮古新報労組の書記長でもあった緑川幸子記者は「社窓風景」と出したコラムをほぼ毎日、書いた。新聞労連などから支援に来ている人たち、給与も不確定なのに配達を続けてくれる配達員さんたちへの感謝。販売、営業、印刷職場の仲間の不安や「投げ出すわけにはいかない」という覚悟も紹介した。六人の子持ちの緑川記者は、十九歳の長女からは「給与がでないのなら辞めた方がいいのではないか」、高二の長男と次男からは「やりたいならやればいいけど、並行して就職活動もした方が良いのでは」とシビアな意見ももらったらしい。なぜ自主発行を続けるのか、と自問する。さまざまなイベントや住民の活動など身近な光景を取材すると、関係者の目に見えない努力や思いも知ることができる。自らも暮らす地域の風景の一つ一つに、取材で出会った人々の笑顔がよみがえる。「人は人の中で生かされている」。突然の解雇通知に、「納得し、立ち去る社員がいる中で『記者でいたい』という思いを断ち切ることが出来ずに今に至っている」と心情を記した。

「社窓風景」は二十回にわたって掲載された。その間、宮古新報社の経営権の譲渡が社の税理士だった松川吉雄さんの関連会社に決まり、自主発行は二十日間で終了できた。正式には二〇一九（平成三十一）年四月から新しい体制で新聞が発行される。社員はそのまま雇用され、紙面も臨時の四ページから八ページ基本に戻り、社員も二十人まで増えた。ところが経営陣の陣容が整わなくなり、翌二〇（令和二）年七月、地元で居酒屋やキャバクラなどを経営するコレクトジャパンが経営権を買い取る。宮古新報社の会長にコレクトジャパン社長の洌鎌《すがま》敏一さん、社長には専務だった新城《しんじょう》竜太さん（三十七歳　一九八五年八月生）が就任する。二人とも宮古島市の伊良部島出身だ。新城さんは元々、寿司職人で、コレクトジャパン専務就任後は経営コンサルタントとしても活動していたという。洌鎌さんは「国の補助制度などを市民にしっかり伝えたい」などとの思いでかねてから新聞社を立ち上げたいと考えて、座喜味社長に相談していたらしい。新城・

新社長はあらためて社員一人ひとりと雇用契約を結ぶ。労組書記長だった緑川さんは既に辞めていて、委員長だった伊佐次郎さんは雇用しなかったという。実質的な解雇と言っていいだろう。労組も実質的に解散に追い込まれる。

ネット販売へ準備進む

現在、社員は二十二人だという。取材記者は本社に四人、那覇支局に一人の計五人。全員、四、五十代らしい。編集などの内勤記者は四人。総務、営業、印刷工場、配送にそれぞれ三、四人いる。発行部数は約九千八百部（『宮古毎日』は一万五千四百部）で、うち宮古島市が九千六百部（一万五千部）、多良間村が五十部（二百部）、沖縄本島など島外が百五十部となるようだ。刷り出しは午前０時前。配達員は約八十人おり、『宮古毎日』同様、市街地の配達員は直接、社に受け持ち分の部数を取りに来て各戸に配る。市街地以外の配達員には社の配送係が配達員のそれぞれ自宅まで運ぶ。毎週月曜付が休刊だ。購読料は『宮古毎日』と同じ月千九百九十八円（税込み）。

紙面は週末の土、日（十ページ）以外は八ページが基本（『宮古毎日』は十ページ基本）。一面はほぼ地ダネ。コラムはない。社説も設けていない。二面は内政ネタや海外ニュースで、共同通信社からの配信だ。従来、『読売新聞』からの配信を受けていたが、二〇二一（令和三）年四月から共同通信社との契約に切り替えている。三面は特集や写真グラフ、全面広告などに活用。四面がスポーツ面で、五面は暮らし情報面。スポーツを含む行事予定や募集案件などとラジオ番組表も載せている。読者からの投稿は受け付けているが、定期のコーナーはなく、その都度、囲み記事として紹介する。六面、七面は社会面で基本、地ダネで埋まる。最終八面はテレビ番組表だ。カラー紙面は一面、三面、六面と最終面だ。

月曜休刊だから日曜付は月曜の番組表を掲載するため、十ページ建てとなる。四コマ漫画はその日曜付のみ第一社会面に掲載される。宮古島出身で東京在住のデザイナーが担当しているらしい。土曜日付の十ページ建ては、座喜味社長時代の『宮古新報』の紙面をアーカイブとして二ページ使って紹介したり、特集ページになっているようだ。洌鎌会長が新聞発行の思いとして念頭にあった補助制度の市民活用に向けた情報提供は、「こだわって記事にしています」と新城社長。HPは将来のネット販売重視を視野に二〇二二（令和四）年四月から構築中。紙面の主だった地ダネをアップしているが、半分以上は有料会員登録を求める仕組みのようだ。紙面の電子版は『有明新報』、『奄美新聞』同様、「SHIMBUN ONLINE」に午前二時にアップ。こちらの契約者（月二千円）は「二百件余り」（新城社長）と一定の購読者がいるようだ。HP有料会員への紙面掲載記事や「SHIMBUN ONLINE」でも共同通信社配信分の記事も見ることができるらしい。共同通信社から了解を得ているという。読売新聞社からの配信だとそれができない。『奄美新聞』の項で述べたように、『読売新聞』からの掲載記事部分は白抜きにするしかない。ネット販売を考えた場合、格安の読売新聞社配信を諦めて、コストアップながら共同通信社配信に切り替えざるを得なかったらしい。将来、紙面の電子版も『宮古毎日』のように自社で販売したい考えはあるようだ。

資本金九百万円の株式会社。年間売り上げは一億二千万円ほどとのこと。販売が三分の一、広告が三分の二ぐらいだという。地域紙は、全国紙や県紙のように広告の割合は落ちていない傾向にあるが、それでも同社の広告の比率は高い。『今日新聞』と似ている。「応援してくれる企業がありますので」と新城社長。社の定款には噴霧器や水素発生器の販売も入っており、社員が営業しているが、まだ目に見える数字とはなっていないようだ。

別冊で政治的主張も

宮古新報社は二〇二一（令和三）年四月、八重山地方・石垣島の八重山日報社と業務協定を結んでいる。八重山日報社の YouTube の公式チャンネル「八重チャンネル」で宮古新報の洌鎌会長と八重山日報の宮良薫《みやらかおる》社長が調印し、会見する様子が映し出されている。「宮古、石垣の互いの情報を共有する」と宮良社長。洌鎌会長は「宮古、石垣。先島は一緒」と「先島」という言葉を使った。離島県・沖縄県は、那覇のある「沖縄本島」と、その先の島々「先島地方（諸島）」と、大きく二つに区別することが多い。この区分は天気予報などでよく活用される。「先島」とは、宮古地方と八重山地方を指す言葉だ。両紙は、宮古新報社を座喜味さんが経営していたころから週に一回、互いの記事を特集という形で載せてきたらしいが、今回の提携は日々、互いの取材で得た情報などを交換する。これまでより緊密な関係になった。両社は那覇市に支局をもつが、記者はそれぞれ一人。取材が重なった場合など協力して分担するようになったという。

宮古新報社の新城社長は「県紙との違いを出すには、本島と離島。この区別をはっきりさせる」という。前項『宮古毎日新聞』で紹介したように、県紙『沖縄タイムス』と『琉球新報』の配達先はほとんど沖縄本島だ。先島には、宮古地方に二紙、八重山地方に二紙の地元紙があるから県紙の部数はないに等しい。宮古島と石垣島はざっと百キロ離れているが、将来、その両島の地元紙が一緒になり、「これを見たら離島のニュースはわかるぐらいに行き着けば」と新城社長。

『八重山日報』は、中国、台湾と領有権問題で揺れる尖閣諸島（石垣市）について愛国的な報道で知られる。沖縄本島に集中する在日米軍基地問題で偏重是正を求める県紙『沖縄タイムス』『琉球新報』に対して攻撃的な報道姿勢も目立っている。そんな先鋭的論調の『八重山日報』の記事を『宮古新報』にも掲載することではないようだ。「宮古の人はびっくりしてしまう。読者もうちの記者も抵抗があるでしょう」と新城社長。そこで政治的な主張を載せる別の新聞『政治時報　宮古島』を二〇二二（令和四）年二月に発行した。ブランケット判の四ページ。執筆、編集は外部に任せ、写真は宮古新報社が提供し、印刷も同社で行った。『宮古新報』に折り込んで読者に届けた。二一（令和三）年の市長選で立憲民主党、共産党などの推薦で当選し、長年続いた保守市政を刷新した座喜味一幸市政をチェックする特集。過激な主張はなく、市議会保守系を鼓舞した内容だった。この『政治時報』は今後、随時、発行するという。

『あらがま』という情報紙も二〇（令和二）年九月から『宮古新報』に折り込んでいる。ポスティングや公共スペースなどに配置することはしていないようだ。宮古新報社の洌鎌会長が経営する「まるとし産業」が編集・発行し、宮古新報社は提携という形で印刷を請け負っている。第一号はタブロイド判十ページだったが、二号からはブランケット判八ページ。一面はカラー写真と見出しだけ。二面以降も写真を大きく使って島の話題を紹介する。三面と写真グラフの六面、広告紙面の最終面はカラーだ。当初は月一回を目指したようだが、二二（令和四）四月に十三号を発行。年四回くらいのペースになっている。「あららがま」は宮古島の方言で「不屈の精神」という意味らしい。

「不屈の精神」で緊急避難的に社員らが自主発行したことから続いている『宮古新報』。経営会社の趣は変わったかもしれないが、「不屈の精神」で宮古地方のもう一つの地元紙として存続することを地元の人々も願っているだろう。新城社長は地域紙としての『宮古新報』を、「島民の興味のあることを報道する。学校新聞の兄貴分ぐらいの存在でいいと思っています」とも語っていた。

第十一章　八重山毎日新聞　沖縄県石垣市登野城

「視野は世界　視点は郷土」
国境地域のリベラル紙

沖縄県八重山地方の各島々は沖縄本島より台湾の方が近い。八重山列島の中心をなす石垣島は沖縄本島からざっと四百キロ。台湾からは二百キロ余りだ。中国、台湾との間で領有権問題で揺れる尖閣諸島も含まれる。島々を囲む波は一見、高そうだが、八重山地方最初の日刊紙として創刊以来、言論の自由、不偏不党をうたう『八重山毎日新聞』は静かに地域をみつめる報道を心がけているようだ。地域という面からの視点はさまざまな利害の波も鎮めてくれるかもしれない。

四〇％強のシェア

『八重山毎日』の二〇二二（令和四）年七月現在の部数は一万二千六百部。石垣市、竹富町、与那国町の三市町からなる八重山地方の人口は五万五千五百七十五人、二万九千百十一世帯（二〇二二年六月末現在）だから世帯占有率は四三・三％となる。ここ十年ほど、公称部数は一万六千部、シェアは八割―七割とされていたようだが、八重山地方の人口・世帯数は近年、増え続けており、部数減少傾向と相まってシェアは落ちている。それでも四割超えはすごい。ちなみに県紙

垣本徳一社長

八重山毎日新聞
Yaeyama Mainichi
2022年（令和4年）2月28日（月曜日）
中山氏4選 市政継続
実績と行動力評価
コロナ対策追い風に
石垣市長選
砥板氏に2454票差
初の「保革共闘」破る
石垣市長選開票結果（最終）
当 中山 候補 14,761票
砥板 候補 12,307票
管内新たに24人感染
県内586人、前週比59人増
石垣市新型コロナ電話相談
070-1470-2790
070-1470-2813
ガソリン補助金 来月10円に倍増
受験生応援メッセージ 募集中
応募締切 本日 17時まで
八重山毎日新聞社 営業部 TEL0980-82-2121・FAX0980-82-1150

『八重山毎日新聞』2022年2月28日付

八重山毎日新聞社の編集職場

八重山毎日新聞社

の八重山地方の部数は同七月現在、『沖縄タイムス』が千二百三十部、『琉球新報』が八百八十七部だ（それぞれの折り込みチラシ用部数から）。

自治体別に『八重山毎日』の部数を見てみると、本社のある石垣市（石垣島）は一万千三百部。二万五千五百八十世帯（四万九千五百四十五人）だから世帯占有率は四四・二％。西表島《いりおもてじま》や竹富島など九つの有人島からなる竹富町には八百五十部で、二千五百六十三世帯（四千三百二十九人）で割ると三三・二％となる。九百六十八世帯（千七百一人）の与那国町（与那国島）には二百三十部だから二三・八％に当たる。販売店は五十店ほどあり、大半が石垣島と西表島だが、竹富島、波照間島など主だった島にもそれぞれ一店はある。各販売店までは業者が運ぶ。与那国島には空輸し、あとの島々には船便で送られる。このほか沖縄本島の那覇市と周辺には午前中、空輸で百三十部ほど自宅まで配達、本島北部や本土には約百部郵送しているという。購読料は月千九百六十四円（税込み）。那覇市周辺への空輸・配達は別途八百一円、郵送の場合は千二百一円いる。

電子版を二〇一九（平成三十一）年四月から始めており、こちらは月二千円（紙面プラスは二千三百三十円）。四百件ほど契約があり、その八割近くは地元、石垣島在住だという。『宮古毎日新聞』同様、紙でなくてもいいという地域紙愛読者も一定程度いる時代になってきている。ただ『八重山毎日』の場合、紙面プラスの契約者が多いらしい。刷り出しは午前0時から一時ごろが基本。電子版は午前五時に提供される。ＨＰには紙面掲載の主要ニュース二本と一面コラム「不連続線」が午前十時ごろ、アップされる。休刊日は月に二回あり、第二、第四日曜の次の月曜付が休刊となる。

八重山初の日刊紙誕生

創刊号は一九五〇（昭和二十五）年三月十五日付。『南琉日日新聞』と名乗った。『八重山毎日新聞五十年史』によると、当時、八重山地方には『海南時報』『南琉タイムス』『南西日報』『先島新報』『与那国新聞』などいくつもの新聞が発行されていたが、政党機関紙的な色合いが強く、隔日か三日おきの発行だったらしい。米軍政下の琉球政府八重山支庁で出版局長などをしていた村山秀雄さんは、地域の発展に「堂々と論陣をはって活動」する新聞が必要と、有志四人とともに発行にこぎつける。八重山地方初の日刊紙だった。

地元・石垣生まれの村山さんは当時四十一歳。一九〇九（明治四十二）年生まれで、尋常小学校時代に耳に虫が入り、それを取ろうと祖母が油を入れたのが原因で中耳炎に。悪化して片耳が聞こえなくなり、生涯悩まされる。教員だった父親を十一歳で亡くしたことから家計は苦しく、高等科を卒業すると近所にあった新聞社に入社、文選工など印刷技術を学ぶ。その後、台湾に渡り、さらに文学を志して上京。東京でも印刷会社に勤め、夜学にも通ったらしい。太平洋戦争中に石垣に戻り、八重山高等女学校の書記に職を得る。戦後、米軍政下の八重山支庁に入るが、縁戚だった宮良長詳支庁長が米軍政官と対立して辞任するのに合わせ、出版局長だった村山さんも一九四六（昭和二十一）年十一月に辞職する。出版局長時代に八重山文化協会立ち上げに参画し、協会の機関紙『八重山文化』創刊号（四六年七月）は村山さんが編集したという。

野に下ると、各政党の思惑が各新聞の論調となり、住民の対立を煽る現状に愛想を尽かす。有志四人と資金を出し合って立ち上げたのが『南琉日日新聞』だった。社長には創立メンバー五人のうちの一人、八重山民政府の補給部長で八重山文化協会の仲間でもあった大浜信光さんにお願いした。創刊号一面トップには「創刊の辞」を置いた。「新聞の使命は何よりも真実の報道と厳正な批判にある。冷静に事象を見、公平な立場に立って客観的に、正確に報道し、批判することは容易な業でない。われわれは私情をかなぐり捨てて新聞道に邁進し、社会文化のためにわが日日新聞を健全に育てあげたい」。『八重山毎日新聞五十年史』は、「ジャーナリストの使命と矜持に満ちた宣言文は、今もって新鮮で希望に溢れる文章であろう」と創業者の新聞に対する思いを紹介している。

当時の地元各紙は隔日などの発行でスタッフは社長と社員一人という形だったところに、『南琉日日』は月曜休刊の日刊で、スタッフ五人。Ｂ４の大きさの表裏二ページの紙面は、石垣島民の耳目を集めただろう。しかし、自前の印刷機は持たず、印刷は外注だった。地元の商店などからの広告はまだわずか。購読料の集金にも追われる。部数は数百部程度だったようだ。一年もたつと自転車操業状態になり、五一（昭和二十六）年七月には創立メンバーだった宮良長欣《みやらちょうきん》さんは県紙『沖縄タイムス』に移る。他の創立メンバーも去る形となり、新聞発行にこだわった村山さんは大浜さんや宮良さんら四人から権利の譲渡を受け、新聞を改題することを決める。

『八重山毎日新聞』として一九五二（昭和二十七）年一月十五日付で発行にこぎつけた。社長には村山さんの小学校時代の恩師で、戦後は実業界に転じていた浦崎賢保さんに半年間ほどお願いした。同年七月、村山さんは三代目の社長となり、翌五三（昭和二十八）年には自宅を売り払い、念願の足踏み印刷機を導入する。村山さんは自ら取材し、書き、文選工時代に成らした技で活字を拾い、印刷機を足で踏んで回した。雇った複数の記者たちも踏んで汗を流した。まもなく印刷機にモーターを付けることに成功し、印刷受注の仕事も受けられるようになったようだ。五六（昭和三十一）年には『八重山毎日』の部数が千部を超える。翌五七（昭和三十二）年には通常の新聞の大きさ、ブランケット判で印刷を始めた。六二（昭和三十七）年、三階建ての自社ビルを建てる。このころには八重山の日刊紙として存在が確立されたと言っていいかもしれない。

八重山の社会、描き出す

六五（昭和四十）年四月、西表島のヤマネコの骨、糞などを調べた日本哺乳動物学会理事長が「ヤマネコは原始の姿をとどめている」と表明し、それを報じている。後にこの島にしか生息しない固有種・イリオモテヤマネコと発表される先駆けとなる記事だった。翌六六（昭和四十一）年十一月、第一回八重山毎日駅伝を開催する。従来、八重山郡陸上競技協会が主催していたのを、同協会から運営委譲を要請されて引き受けたらしい。年に一回、その後も続く地区対抗レースで、冬場の風物イベントとなっているようだ。『八重山毎日新聞五十年史』は過去の面白い紙面広告も紹介している。六七（昭和四十二）年、琉球銀行八重山支店長は着任あいさつの広告を「泥棒君へお願い！！」と題して掲載。市民の家に押し入るのは時間の無駄だからやめてほしい。なぜなら、「私が支店長として就任したからには」家庭の現金は銀行の頑丈な金庫で預かり、「郷土の経済発展のため有効適切に運用することにしたからだ」。預金獲得と融資をやる気満々で訴えていた。

住民密度の濃い、地域社会を映し出す地域紙ならではの広告かもしれない。

一九六八（昭和四十三）年元日付から本土のニュース、海外のニュースも掲載される。時事通信社と契約したのだ。既に紹介したように、『宮古毎日新聞』が本土のニュース掲載を始めるのは「朝日新聞ニュース」というコーナーが八四（昭和五十九）年からで、時事通信社との契約は九五（平成七）年。本土復帰（一九七二年）後のことだった。一面コラムは村山さんが創刊以来書き続け、六九（昭和四十四）年二月からは現在も続く「不連続線」と名前を替えた。「ジャーナリストとしての広い見識と、繊細な詩人の魂が描きだす」と評されたコラムで七〇（昭和四十五）年から七九（昭和五十四）年まで十年間分のうち三百編が村山さん死亡（九〇年十一月、享年八十一歳）後の九一（平成三）年、八重山毎日新聞社から刊行されている。「八重山の哀感がにじみ出ている」（『八重山毎日新聞五十年史』）らしい。

七二（昭和四十七）年二月、八重山毎日新聞社は村山社長個人経営から株式会社に替わる。同五月十五日、沖縄は本土復帰を果たすが、同日付の「不連続線」は、ドルと円の交換で裏切られ、復帰を心から喜べないと書いた。当時のドルと円の交換レートは一ドル三百六十円だったが、沖縄の人々の手持ちドルから円への交換は三百五円とされた。公務員の給与は三百六十円換算だった。公共料金や市中のほとんどの商品も三百六十円に読み替えて料金設定がされた。八重山毎日新聞社もそれまで購読料が月一ドルだったのを三百六十円に替える。購読者は手持ちの一ドルを三百五円にしか交換してもらえなかったから、プラス五十五円払わないといけなくなったのだ。

新聞立ち上げ時のメンバーで県紙『沖縄タイムス』に転職した宮良長欣さんは石垣島に帰って

きて、七七（昭和五十二）年、『八重山日報』を創刊する。ブランケット判で、『八重山毎日』より二ページ多い四ページ。沖縄タイムス社で社会部長まで務めた宮良さんは洗練された紙面を作り、評判を呼んだらしい。独壇場だった八重山地方に強敵を迎えた八重山毎日新聞社は八〇（昭和五十五）年、新社屋を造り、そこにオフセット印刷機を導入。六月から常時四ページの新聞を発行する。八三（昭和五十八）年六月、村山さんは会長に退き、代わって編集出身の黒島清専務が第四代社長に就任した。八五（昭和六十）年、八重山に関する研究で顕著な業績を挙げた人を毎年、表彰する「八重山毎日文化賞」を創設。新聞社が地域の文化振興に寄与する一助とした。

創刊四十年となる一九九〇（平成二）年三月から建てページを基本六ページに増やし、翌九一（平成三）年からプロ野球の結果の掲載も始める。これは紙面編集にとって大きな変化だった。それまで原稿の締め切り時間は午後六時ごろだったのを、ナイターの試合結果を載せるために深夜にせざるを得ない。職場からは反発も出たようだが、時差出勤を導入して乗り切る。結果、従来は翌日回しにしていた夜に起こった事件事故も掲載できるようになり、紙面の評価を上げる。この年の部数は一万二千部を超え、当時の八重山地方の世帯約一万五千戸に対するシェアは八割を超えたという。同年七月には日本新聞協会に加盟する。加盟には協会が定めている新聞倫理綱領に合致した紙面内容で、建てページが四ページ以上、発行部数が一万部以上といった条件（『八重山毎日新聞五十年史』）があったようで、それをクリアできた。沖縄県では県紙二社に続く三番目の加盟だった。四十周年記念として「企業スローガン」を社内公募したところ、「視野は世界　視点は郷土」が選ばれ、決定した。

九三（平成五）年四月、第五代社長に糸洲長勇《いとすちょうゆう》さんが就任する。糸洲さんは、石垣島で路線バス・観光バス事業を営む東《あずま》運輸の社長だった。当時五十三歳（一九四〇年十二月生）。株主の一人だったが、直前まで非常勤の取締役。父親が創業者の村山秀雄さんと懇意にしていたらしい。糸洲さんは社長就任のあいさつで、「建てページを八ページにする。紙面をカラー化する。新しい本社ビルを造る」という構想を述べた。八ページ化は九五（平成七）年に達成する。二ページ増えたことで、スポーツ面を独立して設けられるなど面分けがすっきりした。九七（平成九）年に現在の社屋が東運輸所有の土地に完成し、カラー印刷機も導入する。二〇〇二（平成十四）年、建てページが現在と同じ十ページに増えた。翌〇三（平成十五）年、総務出身の渡嘉敷信介専務が第六代社長に。〇七（平成十九）年には、社員時代、「視野は世界　視点は郷土」の標語を作った営業畑の仲間清隆専務が第七代社長に就任する。一三（平成二十五）年に取締役編集長だった黒島安隆さんが第八代社長。そして二一（令和三）年、制作畑が長かった垣本徳一さん（六十歳　一九六一年十一月生）が常務から第九代社長に就任している。直近の売り上げは約五億円。広告の比率が減ってきたが、それでも五五％ほどを占め、販売が四五％という。現在の資本金は約九千八百万円だ。

揺れた新石垣空港問題

八重山地方の中心は石垣島だ。面積は西表島より少し小さいが、人口五万五千五百七十五人（二〇二二年六月末現在）の大半四万九千五百四十五人が暮らしている。コロナ禍以前は年間百万人を超える観光客が訪れていた島の玄関口は新石垣空港だ。開港（二〇一三年三月）から十年近くたつのに、旧空港はなくなっているのに、いまだに「新」を付けて呼ばれることが多い。二〇二二（令和四）年三月三十日付で米軍のオスプレイ二機が緊急着陸したことを報じた『朝日新聞』や『読売新聞』、共同通信の配信記事も「新石垣空港に着陸」と記している。『八重山毎日新聞』も記事中は、別称の「南ぬ島石垣空港」（ぱいぬしま　南の島の意）と書いていたが、見出しは「新石垣空港」だった。沖縄県空港課によると、空港法に基づく正式名称が今も「新石垣空港」だという。しかし、ターミナルビルには「石垣空港」と表記され、発着時刻表もわざわざ「新」は付けてない。「新」があると混乱の元だ。権威に乗っかっていた方が安心というマスコミの習性もあるだろう。もう一つの面もある気がする。新石垣空港は、沖縄県の空港基本計画（一九七六年）から開港まで四十年近くかかった。その間、計画地が二転ならぬ三転もし、その都度、賛否が分かれ、「新石垣空港」問題として全国的に報じられた。その「新」が世間、特にマスコミ関係者の耳目になじんでしまっていることも影響しているのではないだろうか。『八重山毎日』は地元紙として、その新石垣空港問題をずっと報じてきた。

石垣島には中心市街地から近い住宅街に千五百メートルの滑走路を持つ空港があった。一九七九（昭和五十四）年、増え続ける観光客に対応するため待望の小型ジェット旅客機が就航すると周辺住民や学校、病院などから騒音の苦情が相次ぐ。一方で、三年前から石垣空港の移転を検討していた石垣市と沖縄県は移転先を現空港から七、八キロ離れた白保地区に決定。東側の海岸を埋め立てる計画を明らかにした。滑走路は大型ジェット旅客機も就航できる二千五百メートルとした。ところが地元では賛否が渦巻き、激しく対立する。反対する声は当初、騒音問題だったが、白保の沖合の貴重なサンゴ礁に関心が集まり、白保の海を守る運動に発展する。一方で、八重山漁協は早くに埋め立て賛成を決め、漁業補償金を得る。沖縄県の市長会、町村長会など行政も早期建設を求めるなか、八七（昭和六十二）年、県は滑走路を五百メートル短くして中型ジョット旅客機が離発着できる二千メートルに計画を変更した。翌八八（昭和六十三）年には国際自然保護連合が計画の見直しを日本政府に要請。環境庁（当時）は、サンゴ礁の海を埋め立ててこの年開港したばかりの新奄美空港のサンゴ礁の様子を調査に乗り出す。新奄美空港の建設の際、鹿児島県の行ったアセス（環境影響評価）を了承し、ゴーサインを出していたが、環境庁長官は「鹿児島県のアセスは失敗だった」と表明する。時代の風向きは変わった。

翌八九（平成一）年、沖縄県は白保海岸での空港建設を断念し、四キロほど北のカラ岳の東側海岸に空港予定地を変更する。滑走路の長さは同じ二千メートルだが、埋め立て面積は五十ヘクタール以下に抑えることで環境庁の事実上の同意も不要となった。ところが国際自然保護連合は「カラ岳東海岸も白保と同じ海域。サンゴ礁の生態系は破壊される」と表明。建設予定地での土地転がし問題も表面化した九〇（平成二）年。十一月の知事選で革新系の大田昌秀氏が、戦後初の保守系知事で四期目を目指した西銘順治氏を破ると、カラ岳東案は凍結される。九二（平成四）年、大田県政が新石垣空港予定地をカラ岳東、陸上の宮良牧中、冨崎野の三案で示したことで、八重山毎日新聞社は同社としては初めての世論調査を実施する。本土復帰二十年を記念し、竹富町、与那国町を含めた八重山三市町が対象だった。新石垣空港の予定地としてはカラ岳案を支持する意見が四一%を占め、宮良牧中案は八%、冨崎野案は四%だった。宮良と冨崎野は農地を潰すことに対する反発があったらしい。

しかし、大田知事は同年十一月、宮良案で進めることを表明する。石垣市の半嶺當泰《はんみねとうたい》市長は「到底、容認できない」と反対した。大田知事が翌九三（平成五）年、地元説明のために石垣空港に降り立つと、反対住民が押しかけ、ドラや太鼓を鳴らしてロビーに座り込む。結局、知事ら一行はロビーから出ることができずに引き返した。知事は会見で「八重山郡民は本当に空港建設を望んでいるのか」と疑問を投げかけたという。九四（平成六）年の知事選で大田さんは再選を果たすと、宮良案で現地調査などを地元住民らの猛反発を受けながらも進め、九八（平成十）年四月、宮良牧中地区に新石垣空港を建設すると正式に決めた。

この間、『八重山毎日』は毎年、新石垣空港の建設地について世論調査を行った。九三年の結果はカラ岳案支持が三二%、宮良案が三〇%、どちらでもが三七%。九四年はカラ岳三九%、宮良二一%、どちらでも三八%だったが、九五年になると、宮良二四%、カラ岳二〇%、どちらでも二九%と宮良案がカラ岳案を初めて上回る。九六年は宮良三七%、カラ岳一六%、どちらでも二六%となり、九七年には宮良三三%、カラ岳一四%、どちらでも二六%。そして大田知事が宮良地区に正式決定した九八年は決定に対して賛否を問うと、賛成六六%、反対二三%という結果が出た。世論というものは現状に変化がなければ、時間とともに追認が増える。その証左とも言えるかもしれない。ところが、大田さんは同年十一月の知事選挙で保守系の稲嶺恵一さんに敗れる。稲嶺新知事は、建設予定地の選定やり直しを指示した。これで白保、カラ岳東海岸、宮良牧中と新石垣空港の建設予定地は三度消えた。

稲嶺新知事は九九（平成十一）年、カラ岳東海岸、宮良、冨崎野のほかにカラ岳陸上を加えた四案を新空港位置選定委員会（三十六人）に諮る。委員には地元三市町の行政、議会の長など行政関係者のほか四案の地元公民館長や自然保護団体の代表も加えた。翌二〇〇〇（平成十二）年三月、選定委はカラ岳陸上案を選び出す。四度目となる新石垣空港の建設予定地。今回の選定には公民館長を含む地元の関係者が多く関わっていたことや県の最初の石垣空港計画から四半世紀近く過ぎた時代状況もあっただろう、『八重山毎日』は最終決定とみて、号外を三千部刷って街中で配る。翌日の朝刊一面は「24年の混迷に終止符」という見出しも付けた。中央のメディアも大きく取り上げたが、環境汚染の懸念から否定的なトーンも出た報じ方だった。翌四月、県はカラ岳陸上案を正式に決定。造成で出た赤土がサンゴ礁の海を汚染しないかという懸念は依然強く、建設予定地周辺の洞窟に絶滅危惧種のキクガシラコウモリが生息していることから保護を求める声も出た。

曲折はあったが二〇〇五（平成十七）年末、国が空港設置を許可し、二千メートル滑走路をもつ新石垣空港建設が動き出した。この間、NHKの朝の連続ドラマ「ちゅらさん」（二〇〇一年度上期）は竹富町の小浜島を舞台にしたことから沖縄観光がさらに盛り上がっていた。二〇〇四（平成十六）年度の石垣空港の乗降客数は百七十九万人で貨物量は約一万トン。滑走路が千五百メートルで小型ジェット旅客機しか乗り入れできないが、県管理の第三種空港としてはいずれも全国一だったようだ。新空港の建設工事は順調に進み、計画通り二〇一三（平成二十五）年三月、新石垣空港は開港する。「白保の海上案以来建設場所をめぐって『サンゴを守れ』『農地を守れ』と郡民が内外の自然保護団体や政治家らを巻き込んで激しく対立、三十年余の長い曲折を経てようやく開港にこぎつけた郡民悲願の空港」と『八重山毎日新聞七十年史』は振り返っている。地元紙として行政の動き、計画賛否の言動などつぶさに追ってきた『八重山毎日新聞』は開港一年前から「テイクオフ新石垣空港」のタイトルで百四十二回の連載記事を掲載し、『新石垣空港物語』として出版した。

死亡広告に孫夫妻、ひ孫も列記

『八重山毎日新聞』の紙面構成を見てみよう。建てページは基本十ページ。特徴的なのは最終面（十面）がテレビ・ラジオ欄ではないことだ。カラーは、一面と十面、三面と八面。輪転機である場合、一面と十面は同じ面で、印刷後、二つ折りされる。三面と八面も同様だ。一面をカラー印刷すれば最終面もカラー印刷となる。垣本社長によると、その最終カラー面をテレビ番組欄とするより、「ニュースに使いたい」という声が出て、基本、スポーツ面として活用している。テレビ欄は五面に固定している。同面は半ぺら（紙の半分）印刷だから、購読者は抜き取って見ることができる。

一面は地ダネを中心に時事通信社からの配信記事も入る。コラム「不連続線」は水曜、金曜を除く週五日、編集部員や役員、元社員で台湾通信員である松田良孝さん（五十三歳　一九六九年二月生）の五人で書いている。署名入りだ。二面は時事配信記事で国際ニュースや内政ネタが中心。社説は水曜付と土曜付の週二回掲載されるが、社外の四人に執筆依頼しているらしい。紙面下半分近くは広告で、求人のほか死亡広告の大きさが目に止まる。亡くなった人の義理のきょうだい、孫、その孫の嫁、婿、ひ孫の名前まで列記されるケースが少なくない。親戚代表や友人代表まで載ることもある。総勢三十人以上の名前と死んだ人との関係が分かる。同じ人の死亡広告でもライバル紙『八重山日報』より列記者の数は多い例がある。宮古地方の地域紙二紙も孫まで載ることがあるが、『八重山毎日』の方が死亡広告にかける購読者、新聞社の思いは強いようだ。垣本社長に地域紙の必要性を尋ねたら、まず死亡広告の意義を挙げたのが印象的だった。

三面は時事配信のスポーツ面となるか特集面。四面も、十面がスポーツでなかった日はスポーツ面になる。時事配信の国際ニュース、経済ニュースの日もある。五面は上述したようにテレビ・ラジオ欄。六面は「トラベル情報」として全面を使って、地元の船会社や旅行代理店の広告とともに飛行機と船の時刻表が掲載される。本来、新聞社が提供すべき重要な情報である定期路線の航空・船便のダイヤをちゃっかり広告の中に活用している。七面は文芸や読者の投稿掲載、シニア、子供のページなど曜日によって変わる。八面（第二社会面）は地ダネ中心で一部、時事配信記事も入る。九面（第一社会面）は基本、地ダネで埋まる。軽微な犯罪容疑での逮捕記事などは容疑者を匿名にしているようだ。「パチリ・チクリ」という九字三行で五題、世の中を寸評するミニコーナーを毎日。取材の裏話などのコラム「記者席」が掲載されることも多い。十面は上述したように地ダネも含めたスポーツ面となることが多いが、注文があればカラーの全面広告にしている。

社員の陣容もみておこう。正社員二十六人と嘱託が六人の三十二人体制。取材記者は七人と那覇支局に一人。内勤の編集記者は四人だという。通信員は西表島の東西のほか竹富島、与那国島、小浜島、黒島、波照間島に各一人。東京、大阪、福岡にも置いていて、取材・執筆もする。上述したように台湾にも通信員・松田さんがいる。

保守化する地域と向き合う

松田さんは八重山毎日新聞社で二十三年余の記者時代、八重山地方と台湾のかかわりを精力的に取材した。冒頭に触れたように八重山の島々は沖縄本島より台湾の方が近い。台湾が日本統治時代は頻繁に人と物の交流があり、戦後、国境が引かれた後も密貿易が行われ、つながりがあったという。太平洋戦争中、八重山の人々が台湾に疎開した史実を関係者へのインタビューや資料などから連載した「〃八重山難民〃の証言　生還—ひもじくて」は、翌二〇一〇（平成二十二）年、日本新聞労働組合の第十四回新聞労連ジャーナリスト大賞に選ばれる。

同二〇一〇年二月、石垣市長選挙で、新人の前市議・中山義隆さんが五期目を目指した革新系の現職を破る。十六年ぶりの保守系市長の誕生に『八重山毎日新聞』は社説で「ハト（革新系）の島からタカ（保守系）の島に」と警戒を示したらしい。四月、中山市長は施政方針演説するが、その文言が二年前（二〇〇八年）、神奈川県小田原市の市長が行った所信表明演説とほぼ同一だったことを盗用では？と報じ、中山市長は陳謝に追い込まれる。九月、尖閣諸島近海で操業していた中国漁船に石垣海上保安部の巡視船が退去を命じると、漁船は巡視船に体当たりした。後にそのときの映像がネットで公開されると「弱腰外交」と一部に批判されていた民主党政権、そして中国に対して批判が高まる。十二月、石垣市議会は、日清戦争中の一八九五（明治二十八）年、尖閣諸島の日本領土編入が閣議決定された一月十四日を「尖閣諸島開拓の日」とする条例案を可決する。二年後の二〇一二（平成二十四）年、東京都の石原慎太郎知事が尖閣諸島の所有を目指して寄付を募ると、中山市長は賛意を示し、石垣市でも寄付を集める。「タカ派知事」の購入は中国の神経を逆なでると判断した民主党政権は国が直接、購入することを決め、国有化する。しかし、中国は大きく反発。以来、尖閣諸島近海に中国の公船が頻繁に現れ、日本の海上保安部の巡視船と緊張した状態が続くようになった。

中山市長は教育行政でも保守的な思考を実行に移す。石垣市の教育長に保守系の人物を登用。同市と竹富町と与那国町からなる八重山地区の教科書採択協議会委員の顔ぶれを替え、現場の教員が務める調査員の推薦しなかった教科書でも選定できるようにする。結果、二〇一一（平成二十三）年八月、協議会は中学の公民教科書を、全国でも採択例が少ない保守系の育鵬社版の導入を決める。このような強引な手法に反発する声も多かったが、石垣市と与那国町は歓迎する。一方、竹富町は協議会採択とは違う東京書籍の教科書を採択したため、「教科書無償給付の対象外」と文科省が判断。同町は篤志家の寄付で教科書を購入、配布する羽目に陥った。この育鵬社教科書採択を支持する報道をライバル紙『八重山日報』は連日、大きく展開する。一方、『八重山毎日新聞』は石垣市の新教育長の強引な手法を批判的に報じた。

尖閣諸島の国有化などで揺れた二〇一二年。『八重山毎日』は、沖縄の本土復帰四十年企画で「変わる八重山の姿」と題して十一回にわたり自衛隊問題を取り上げる。中国の海洋進出に対抗すべく南西諸島への自衛隊基地配備の動きが出てきており、それを地元も受け入れる様相に危機感をもった連載だった。「戦後六十年余、二十万人余が犠牲になった『沖縄戦』の悲劇は既に風化。市民、郡民に自衛隊という名の『軍隊配備』や『いつか来た道』への危機感は乏しい」と『八重山毎日新聞社七十年史』は振り返っている。二〇一六（平成二十八）年三月、与那国町に陸上自衛隊の駐屯地が開設。一九（平成三十一）年三月には奄美大島の奄美市と瀬戸内町、そして宮古島にミサイル部隊が設置される。同じ三月、石垣島ではミサイル部隊の造成工事に入る。前年の一八（平成三十）年十月、沖縄県は環境アセス条例を改正強化し、二十ヘクタール以上はアセスの対象とした。ただ一八年度内は適用除外したため駆け込み着工したのだった。着工前日、部隊予定地の地元四公民館は基地建設反対の意思表示をしたばっかりだった。『八重山毎日』は、「陸自配備へ作業強行　面談から一夜明け　重機や資材を続々と搬入」「周辺住民、意向無視に反発」と大きく報じた。

この間、自衛隊配備の是非を住民に問うべきと住民投票条例を求める直接請求もされたが、石垣市議会は一九年二月、賛否同数となり議長裁決で否決する。同年六月には今度は議員提案されたが、やはり否決される。中山市長は教科書問題などから第二次安倍政権と近いとされ、二〇一四年に再選、一八年に三選を果たす。選挙には自民党幹事長や自民党の有力国会議員がはるばる応援に駆けつけた。二二（令和四）年二月には、玉城デニー知事が支持する新人を押さえて四選を果たしている。

日本政府は自衛隊配備だけでなく海上保安部による尖閣警備にも力を入れる。二〇一六年には石垣海上保安部に新造船の大型巡視船を十隻配備したほか、さらに大型のヘリ搭載型巡視船など警備体制の強化が方向付けられた。そうしたなかでの陸自の配備計画。『八重山毎日』は社説で、「屋上屋を架す税の無駄遣い」「尖閣の抑止力は海保で十分」と釘を刺したという。『八重山毎日新聞社七十年史』は「さながら『尖閣城下町』『尖閣門前町』の様相だ」と記している。

中国、台湾と領有権問題で揺れる尖閣諸島を抱える八重山地方の人々が「尖閣城下町」を受け入れているのは、国防意識の高まりというより海保や自衛隊の増強・設置が地域振興につながっているという点もあるのかもしれない。事実、八重山で最初に自衛隊誘致を表明した与那国町の当時の町長、外間守吉《ほかましゅきち》さんは二〇一〇（平成二十二）年九月二十日付の『朝日新聞』に「とにかく島の人口を増やしたい。何もせず手をこまねいていられない」と答えている。同記事では、同年七月に与那国町、竹富町、石垣市の三首長らが台湾に行って、台北―石垣間で定期航空路線開設を求めたことや、前年は船の定期航路の可能性を探ったことを紹介。その一方で尖閣を守るための自衛隊誘致を図るのは矛盾しているのでは、と外間町長に尋ねたものだった。

与那国島から台湾までは最短で百十キロほど。五百キロ近く離れた沖縄本島よりはるかに近い。その近さから戦後も八重山の人たちは与那国島の人々を先頭に台湾と交流を続けていた。一九七二（昭和四十七）年、沖縄の本土復帰の年に、日本は大陸の中華人民共和国と国交を結び、中華民国の台湾とは断交する。それでも与那国町は八二（昭和五十七）年、台湾の花蓮市と姉妹盟約を結び、交流を続けた。二〇〇五（平成十七）年には「アジアと結ぶ国境の島」として台湾から東アジアへと友好・交流の枠を拡げる「自立へのビジョン」を打ち出す。そのための特区申請を国に行ったが認められなかった。それでも町は台湾、アジアを向いており、一九（令和一）年には町を「国境結節点化」する企画として、花蓮市との間で高速船を活用した「国境交流事業」を打ち出している。現在、台湾に住む『八重山毎日新聞』の通信員・松田さんも、姉妹盟約から四十年の節目である二〇二二年に実現の可能性はないだろうか、と公益財団法人ニッポンドットコムが運営する情報サイトに記事を書いている（二〇二二年六月十一日付）。

与那国町の動きは竹富町、石垣市にもつながるだろう。石垣市だけでも約八百人の台湾華僑がいると言われる（『朝日新聞』二〇一〇年九月二十日付）八重山地方。新石垣空港は香港のほか台湾とも定期路線をもった。ロシアのウクライナ侵攻で安全保障への国民の意識が高まり、中国への警戒感から国境への軍事的な関心は高まっているだろうが、国境という線ではなく、国の枠を超えた面的なつながりが今こそ大切なのかもしれない。その気運を醸し出す役目を果たせるのが地元紙『八重山毎日新聞』ではないだろうか。

同紙は一九九六（平成八）年、年間企画「島に学ぶ」で奄美を取材している。記者七人全員が月に一回、一人ずつ三泊四日で奄美に渡り、観光や新空港、国の特別振興事業などテーマごとに二〜七回連載したという「奄美レポート」。九八（平成十）年には同じ先島でも気質や考え方が異なるとも言われる宮古地方でも「宮古レポート」をまとめている。面的に海でつながる現地からのレポートで八重山が抱える課題を逆照射しようという試みだった。両レポートは八重山より北への取材だったが、次は西に向かうことはできないか。西の海上に浮かぶ台湾からのレポートだ。

与那国町など行政の交流に乗ることができれば可能かもしれない。『八重山毎日』の記者時代、八重山に暮らす台湾の人々を取材し、自費で何度も台湾に渡り、台湾での八重山の人々の足跡も追うなど八重山と台湾のつながりを紙面で紹介してきた松田さんが今も通信員として台湾にいるのも心強い。その台湾の西方には大陸の厦門《アモイ》や福州など福建省が待っている。奄美大島と徳之島の山間部と沖縄本島の北部・ヤンバル地域、さらに西表島の世界自然遺産登録（二〇二一年七月）では、県紙『沖縄タイムス』と奄美の地域紙『南海日日新聞』の三紙で合同企画を展開してきた『八重山毎日』。今度は、もっと身近な島である、松田通信員もいる台湾の新聞と合同企画などできないだろうか。

八重山毎日新聞社には労働組合があり、現在組合員は十四人。いつ結成されたか、社屋移転を繰り返すなか資料がなく、判明しないが、少なくとも一九七一（昭和四十六）年には結成されており、翌七二（昭和四十七）にはストを実施し、紙面が三日休刊している。以後、『八重山毎日新聞五十年史』で確認できるだけでも七三（昭和四十八）年、七四（昭和四十九）年、八二（昭和五十七）年、八三（昭和五十八）年と賃金や労務問題などでストを決行し新聞発行を止めている。それでも宮古地方の二紙のように経営側に労組潰しの動きはなかったようだ。力任せではない、自由な社の空気は、紙の新聞衰退の流れの中にあっても、良質なコンテンツを生み出せる発想、力をもっているだろう。

第十二章　八重山日報　沖縄県石垣市石垣

国防衛の重要性、説く
国境地域の保守言論紙

国があって人なのか、人がいて国、国家なのか。日本の大半の新聞は、太平洋・日中戦争敗戦後、後者のリベラルな姿勢で報道してきた。しかし、国の安全保障や教育などの面から国の安定こそ重要と保守的な言論を展開する新聞も出てきた。全国紙で言えば、『産経新聞』が筆頭格で、『読売新聞』が続く。両紙はかつての戦争に対する評価は違う。『産経』は、日本にとって避けられない戦争でアジアの解放にもつながったとみる。『読売』は、日本の戦争責任を認める立場だ。『毎日新聞』や『朝日新聞』は、戦争責任も含めリベラル路線を維持していると言える。多くの地方紙・県紙もリベラルだ。中央政府とは距離を保っている立ち位置もある。共同通信社の加盟紙であることも影響しているかもしれない。共同通信社は、加盟社である全国大半の県紙、毎日新聞、ＮＨＫなどから運営費を出してもらって成り立つ、いわば組合会社だ。記者たちは、私企業の通信社のように配信契約の増減をあまり考えなくていい。商業新聞のように広告料や販売部数を気にする必要もない。結果、リベラルな社風が醸成された。そんな共同通信の配信記事は、各県紙の全記事の半分前後を占める。県紙の社説も、海外ネタや国政ネタの場合、共同通信から

宮良薫社長

八重山日報

中山氏4選

砥板氏を2454票差で下す

自公が保革共闘破る

初の「保革共闘」不発

保守層切り崩し進まず

『八重山日報』2022年2月28日付

八重山日報社の編集職場

八重山日報社が入るNTTビル

の社説資料が使われることが少なくない。残念ながら、その資料をまるごと転載するような県紙も散見される。こうした日々の新聞発行のなかで県紙の記者たちもリベラルな姿勢で報じている。

日本のもう一つの大手通信社・時事通信の配信記事も最近、リベラルな印象はあるが、同社は企業や国の各省庁、地方自治体を顧客にした実務ニュース配信に力を入れている。九州・沖縄の地域紙の場合、共同通信社より契約料が安いとみられる時事通信社と契約している例が多い。これまでみてきたように『夕刊デイリー』（延岡市）、『南海日日新聞』（奄美市）、『宮古毎日新聞』（宮古市）、『八重山毎日新聞』（石垣市）の四紙ある。『今日新聞』（別府市）、『奄美新聞』（奄美市）の二紙は読売新聞社からの配信だ。共同通信社の加盟社ではなく、すなわち運営費を分担するのではなく、個別の契約で配信を受けているのが『宮古新報』（宮古市）と、今回紹介する『八重山日報』だ。両紙ともリベラル系というより保守系の新聞として特徴を出そうとしているのは面白い。

特に『八重山日報』は、産経新聞社との記事交換協定（二〇一三年）で、『産経新聞』がＨＰなどネットにアップした記事も頻繁に紙面展開している。沖縄本島と伊江島に過度に集中している在日米軍基地問題で、沖縄の負担を減らすべきと主張する県紙『琉球新報』と『沖縄タイムス』の報道姿勢を「反基地イデオロギー」と批判し、『産経新聞』と論調を一つにしている。日本では石垣市に属する尖閣諸島に中国の公船などが接近を繰り返す現状に、地元紙として強い危機感を持ち、報道している。部数ではライバル紙『八重山毎日新聞』に水を空けられ、経営も苦しいが、在日米軍、自衛隊による沖縄本島、先島（宮古、八重山）地方の防衛力強化を歓迎する、沖縄では珍しい新聞の存在にネット世論などで一部、支持を集めている。

尖閣の漁船衝突事件が転機

『八重山日報』の編集責任者である論説主幹・仲新城《なかあらしろ》誠《まこと》さん（四十八歳　一九七三年十一月生）は、「かつて八重山が『革新地盤』と言われ、現在の沖縄本島のように『窒息』していた時代、地元紙である八重山毎日新聞も、私たち八重山日報も、基本的には反米軍基地、反自衛隊のスタンスで足並みをそろえていた」と、自著『偏向の沖縄で「第三の新聞」を発行する』で紹介している。それがいつ変わったのか。仲新城さんは、二〇一〇（平成二十二）年九月、尖閣諸島沖で中国漁船が石垣海上保安部の巡視船に体当たりした衝突事件がきっかけだった、とする。

当時の民主党政権は、逮捕した漁船の船長を外交的な配慮から釈放し、「弱腰外交」と一部に強く非難された。さらに衝突時に巡視船が撮影した動画がネット上に流出すると、中国非難の声が高まった。この事件を契機に、共同通信など日本のメディアは、尖閣諸島の所在を「沖縄県石垣市の尖閣諸島」などと表記するようになる。それ以前は「日中（台）間で領有権を主張する尖閣諸島（中国名・釣魚島）」などと客観的な記述をすることが多かった。竹島問題でも同じだ。「日韓で領有権を争っている竹島（韓国名・独島）」などとしていたのを、二〇一二（平成二十四）年八月、韓国の李明博大統領が竹島に上陸するパフォーマンスをして、日本国内で反発する世論が起こると、以後は「島根県の竹島」などと表記することが増えた。国家間の緊張が高まったときこそ、冷静で客観的な表現が求められるのに、国内世論に負けてしまう。国籍ジャーナリズムの限界なのだろうか。

一方、地元紙『八重山日報』は、尖閣での漁船衝突事件で日本の防衛に危機感を抱いたようだ。仲新城さんの記述を続けよう。「私たちの報道姿勢は、米軍や自衛隊が日本の安全保障に果たす役割を積極的に評価する方向へ大きく転換した。尖閣問題が『今そこにある危機』だと直感したからだ」。以後、尖閣諸島への中国公船の動きは第十一管区海上保安本部（那覇市）の発表を受け、逐一、細かいことでも報道する。二〇一二（平成二十四）年八月には、尖閣諸島は中国の明時代、明の管轄外でどこの国の領有ではなかったことを示す資料を長崎純心大学の石井望准教授（当時）が発見したというニュースを報じた。「明の時代、尖閣諸島をすでに支配していた」という中国政府の主張を否定する話だった。その石井准教授の論考も四回にわたって連載した。さらに翌九月には、当時、論説委員長だった拓殖大学客員教授の恵隆之介さんが、尖閣諸島を東京都で購入しようとした石原慎太郎都知事にインタビュー。「尖閣を失ったら、一点突破で国そのものを失いかねない」といった意見を紹介する。一問一答の詳報も後日、掲載した。

二〇一六（平成二十八）年八月、尖閣海域に中国の漁船二百三十隻、二日後は約四百隻が押し寄せ、中国当局の公船も十隻以上近くを航行すると、連日一面トップで報道する。これに対し、県紙の『琉球新報』『沖縄タイムス』などは淡々とした報道だったようで、仲新城さんは「県民の貴重な情報源であるべき地元の新聞社は、思考停止状態のように微動だにしない」（『偏向の沖縄で「第三の新聞」を発行する』）と憤った。石垣市長は二〇一〇（平成二十二）年の市長選で十二年ぶりに保守系の中山義隆さんとなり、現在四期目。その中山市政は尖閣問題にも積極的に動き、

「尖閣諸島開拓の日」を条例で設けて、式典を開いたり、尖閣諸島の住所表示を従来の「石垣市登野城」から「石垣市登野城尖閣」と替え、その標柱を島に設置すべく上陸を国に求める。上陸は今のところ認められていないが、二〇二二(令和四)年一月には、東海大学の海洋調査に同行して洋上視察を敢行。『八重山日報』はそうした動きを詳しく追った。一方で、洋上視察を「市長のパフォーマンス」と批判する野党市議団の抗議も詳しく報じた。尖閣報道に対する入れ込みについて、論説主幹の仲新城さんは「うちが突出しているわけではない。他の新聞社があまり関心がないからそう見えるだけ。尖閣諸島は石垣市の行政区域なのですから」と語っている。

『八重山日報』の創刊は一九七七(昭和五十二)年六月十五日付。前項『八重山毎日新聞』で紹介したように、『八重山毎日新聞』の前身『南琉日日新聞』創刊(一九五〇年)メンバーの一人、宮良長欣《みやらちょうきん》さんが、県紙『沖縄タイムス』社会部長などを経て立ち上げた。八重山地方に『八重山毎日』しかなかった当時、宮良さんが創刊前に関係各所に配った挨拶文には、「複数の新聞がお互いに勉強し、研さんし、そしてニュースの鮮度をきそい、かつ斬新な論評を掲げることは健全な新聞の在り方として当然のことであり、民主主義の根幹でもあります」と二紙の必要性を説いている。しかし、先行紙に対抗して発刊することは「決して生易しいものでありません。そのことを十分に承知のうえで、あえて勇気と情熱をもって出発することにいたしました」と覚悟を示していた。

ブランケット判で、当時『八重山毎日』は二ページだったところに四ページでスタートする。『八重山毎日』が時事通信社と契約していたからか、『沖縄タイムス』時代から親しんでいたから

郵便はがき

料金受取人払郵便

鹿児島東局
承認
329

差出有効期間
2024年6月
24日まで
切手を貼らずに
お出し下さい

892-8790

168

鹿児島市下田町二九二─一

図書出版
南方新社 行

ふりがな 氏名		年齢　　歳
住所	郵便番号　　－	
Eメール		
職業又は学校名		電話（自宅・職場） （　　）
購入書店名（所在地）		購入日　　月　　日

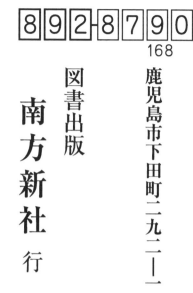

書名　(　　　　　　　　　　　　　)愛読者カード

本書についてのご感想をおきかせください。また、今後の企画についてのご意見もおきかせください。

本書購入の動機 (○で囲んでください)

A　新聞・雑誌で　(　紙・誌名　　　　　　　　　　)
B　書店で　C　人にすすめられて　D　ダイレクトメールで
E　その他　(　　　　　　　　　　　　　　　　　　)

購読されている新聞, 雑誌名

新聞　(　　　　　　　　)　雑誌　(　　　　　　　　)

直接購読申込欄

本状でご注文くださいますと、郵便振替用紙と注文書籍をお送りします。内容確認の後、代金を振り込んでください。(送料は無料)		
書名		冊
書名		冊
書名		冊
書名		冊

か、『八重山日報』は当初から共同通信社と提携した。宮良さんは社説である「視点」をほぼ毎日、自ら書いていたらしい。二〇〇四（平成十六）年、七十八歳で死亡。後任の社長には長男の長修《ちょうしゅう》さんが就く。その宮良長修さんが〇六（平成十八）年亡くなり、長欣さんの長女の婿・塩谷篤《しおがいあつし》さんが三代目社長となった。しかし、業績が上がらず、地元の建設会社が支援に乗り出す。同社長の親族で、実家のクリーニング店で働いていた宮良薫さん（五十七歳　一九六四年十月生）が〇八（平成二十）年入社して、二年後の一〇（平成二十二）年六月、四代目社長となった。同年九月に起こった尖閣諸島近海での中国漁船衝突事故をきっかけに『八重山日報』の報道姿勢が変わったことと宮良社長就任は軌を一にしていた。

八重山教科書問題で注目

二〇一一（平成二十三）年八月、八重山地区の教科書採択協議会は中学の「公民」教科書に、全国でも採択例の少ない保守系の育鵬社版を多数決で選ぶ。協議会の会長は、前年、十二年ぶりの保守系市長として就任した中山義隆・石垣市長が市教育長に登用した人物。現場の教員が務める調査員の意向を無視できる採択方法に変えるなど強引な手法を批判する報道が目立ったなか、『八重山新報』は一線を画した。一面、社会面とも使って大きく報道。採択に反対する動きも紹介したが、「国境の問題に関する記述が充実している」などと採択を歓迎する声の方が目立つ扱いにした。その後、八重山地区の三市町のうち石垣市と与那国町の教育委員会が採択を受け入れ、竹富町教委は拒否したことから、沖縄県教委が乗り出し、あらためて三市町の教育委員による会議を開く。今度は、多数決で育鵬社採択を撤回、東京書籍を採用することを決める。『八重山日報』は再び、一面、社会面を大きく使って報じ、県主導の決定に疑問を投げかけた。しかし、文部科学省は地区協議会が採択する制度となっている以上、その後の教育委員による会議での決定変更を認めなかった。結果、竹富町だけは「公民」教科書の無償給付の対象外となる。

この間、『八重山日報』は、地区協議会の決定を支持する右派系識者の論評や投稿を大きく掲載する。強引な手法が問題視された石垣市教育長の主張を報じないマスコミ状況を「一方的」と批判する視点も披露した。こうした『八重山日報』の報道は文科省でも目に止まったのだろう。『産経新聞』の記者は文科省の担当者の机上に『八重山日報』のコピーが置かれているのを見て、同紙を取り寄せて熟読し、「なるほどそういうことかと合点した」らしい（『産経新聞』二〇二二年二月一日付「沖縄考」）。この教科書問題で、『八重山日報』は右派系ネットユーザーなどに一目置かれるようになる。

沖縄本島に二年間進出

八重山日報社は二〇一七（平成二十九）年四月、沖縄本島でも印刷し、購読者宅への配達を開始する。八重山地方で部数約一万二千部の『八重山毎日新聞』に対し六千部ほどの地域紙二番手が本島に進出するのは無謀な話だったが、本島の一部政財界の支援はあったようだ。右派系のメディアなどは『琉球新報』『沖縄タイムス』の牙城に楔を打ち込んだ」と歓迎した。しかし、『琉球新報』の部数（二〇二二年七月一日現在　折り込みチラシ表から）は十三万八千三百三十五部で沖縄本島分が十三万六千七百十八部。『沖縄タイムス』は十三万九千七百二十五部のうち十三万八千五百八十五部が本島で配られている。両紙を合わせると二十七万五千三百三部となる。本島の世帯数（二〇二二年六月一日現在推計）は五十七万千六百四十九（人口は百三十四万七千四十八人）だから、両紙での世帯シェアは四八・二％に上る。新聞の部数減が続くなか、これだけの占有率があるのは県紙が二紙あるからこそだろう。『八重山日報』が本島進出した二〇一七年のころはもっと部数もシェアも大きかったはずだ。両県紙は日々三十ページ前後ある新聞で、『八重山日報』は八ページ建てでの挑戦だった。

事務所（支局）は那覇市内の県庁近くのビルの一室を借りた。印刷は民間会社に委託し、石垣市の本社で編集したデータを送る形をとる。記者は、編集長だった仲新城さんが当面、那覇に張り付くことにして、記者経験のない三十代と五十代と県紙記者ＯＢの計四人。ほかに営業と総務計三人の陣容となった。記念すべき沖縄本島版第一号（二〇一七年四月一日付）は、一面トップに自民党沖縄県連が米軍普天間飛行場の辺野古移設を拒む翁長雄志知事に攻勢をかけるという内容。一面肩には琉球史が専門の地元の歴史学者が「悲しい歴史の政治利用」と題して、米軍基地問題などで政府と対峙する沖縄の現状を暗に批判。明治時代の琉球処分の歴史から現在も差別を受けているとみる「県内のマスコミ」の対応を挙げ、「沖縄の『異質性』に結びつけて強調する姿勢は、琉球文化の個性を本土との対立や分断の理由づけにする『曲解』を招きやすい」と嘆いている。

同一七（平成二十九）年六月、ジュネーブの国連人権理事会で「琉球新報、沖縄タイムスを正す県民・国民の会」代表の我那覇真子《がなはまさこ》さん、翌日には米軍普天間飛行場の辺野古移設に反対する沖縄平和運動センター議長の山城博治《やましろひろじ》さんがそれぞれ九十秒間のスピーチをした。我那覇さんは「沖縄では住民の人権と表現の自由が基地反対運動家や偏向したメディアに脅かされている」、米軍基地反対運動中に器物損壊容疑などで逮捕され、約五ヵ月間も拘束された山城さんは「警察当局が微罪で逮捕し、自供と抗議運動からの離脱を迫るのは明らかに人権侵害」などと訴えた。『八重山日報』の仲新城さんは我那覇さんに同行して現地で取材し、二人の言動を連日五日間報道したらしい。多くのメディアからほぼ無視された我那覇さんを正面から報じた一般紙は『産経新聞』と『八重山日報』だけだったようだ。

このころ『八重山日報』沖縄本島版の購読契約は二千部ほどで、スタートから二ヵ月余としては上々の滑り出しだったかもしれない。しかし、その後は伸び悩む。新規契約がある一方で解約もあったようだ。その理由として仲新城さんは著書『偏向の沖縄で「第三の新聞」を発行する』のなかで、沖縄本島内の販売網を拡げられなかったことと沖縄の新聞読者には欠かせないお悔やみ広告がとれていないことを挙げている。二千部程度では葬儀情報告知の需要がないのは仕方なかっただろう。ニュースの質、量も県紙二紙とははるかに違ったことも部数伸び悩みに影響したのではないだろうか。県紙には本社や本島内の支局も合わせ取材記者が七、八十人ほどいただろう。一方、『八重山日報』は四人だった。

同二〇一七年十二月十一日付『八重山日報』は、沖縄市内で起こった多重交通事故で、米軍海兵隊員が衝突車両の中から日本人を救い出したところ、後続車両にはねられて重体となった〝美談〟を大きく掲載する。『産経新聞』のネットニュースにアップされていた記事の転載だった。記事は、県紙二紙が報じていないことも触れ、「報道機関を名乗る資格はない。日本人として恥だ」とも記していた。仲新城さんは関連取材し、救われた日本人が海兵隊員に「感謝している」という関係者の話も記事化する。翌十二月十二日付で『産経新聞』は紙面にも掲載し、「日本人救った米兵　沖縄2紙は黙殺」と見出しを付ける。『琉球新報』『沖縄タイムス』は、事故自体は報じたが、米兵による日本人救出は触れていない、と批判した。

この報道を受けて、『琉球新報』が追加取材したところ、米軍は海兵隊員による救出を否定し、沖縄県警も確認できてないことが判明し、翌一八（平成三十）年一月三十日付で報道する。これには『産経新聞』も慌てたことだろう。米軍と沖縄県警に確認したところ、事故現場に遭遇した海兵隊員は車外に出たところで跳ねられたことがわかり、二月八日付で「おわびと削除」を掲載、誤報を検証した記事も載せた。『八重山日報』も翌九日付で「お詫び」。仲新城さんは「救出された本人の話をきくべきだった」と『朝日新聞』（二〇一八年二月十三日付）で語っていた。

この二〇一八年のころの『八重山日報』沖縄本島版をみると、ネタがなくて一面トップニュースを共同通信の配信記事で埋める日も少なくない。地域紙としては残念な形だ。『琉球新報』『沖縄タイムス』は共同通信の加盟紙だから、同じ配信記事が内政面や国際面などに載っていたはずだ。『夕刊フジ』連載の記事を転載することも多かった。翌一九（平成三十一）年二月二十八日付で沖縄本島版は終了する。『八重山日報』の果敢な挑戦は、一年十一ヵ月で幕を閉じ、取材拠点の那覇支局だけを残し、沖縄本島から撤退する。

その後も沖縄本島の読者には、題字下に「沖縄本島版」と記された『八重山日報』が週に一回まとめて郵送されているが、紙面は八重山地方で配れるものと同じで版替えはしていない。購読料は月二千七百円（税込み）。地元、八重山地方で配達される通常料金は千七百五十円だから郵送料が九百五十円付いた形だ。さらに、沖縄県外の読者には郵送料を上乗せし、購読料は三千六百十円に跳ね上がる。定期刊行物として日本郵便の承認を受けた第三種郵便。国内であれば郵送料は県内外を問わず同じだが、敢えてこのような料金システムにしているのは、高くても『八重山日報』を読みたいという本土の読者が一定数いるからだろう。他の地域紙には見られない特徴だ。

生き残りをかけた日々

『八重山日報』の部数を見てみよう。二〇二二（令和四）年三月一日現在で六千九百十三部らしい。大半が石垣市（石垣島）で五千七百四十一部。竹富町のうち竹富島と小浜島、西表島の東部で計百二十一部。配達要員がいない黒島、波照間島、西表島西部の計百三十四部は日々、郵送するが、郵便料金はとらず千七百五十円のままだ。八重山地方以外の県内（主に沖縄本島）には週に一回まとめて郵送（購読料二千七百円）して、約三百部。本土への週一回郵送（三千六百十円）は約三百五十部に上るという。地元エリア・八重山地方以外への郵送が計六百五十部と全部数の一割近くを占めるというのは珍しい。しかも購読料金はかなり上乗せされているのに、それでも『八重山日報』を読みたいという読者がいる。

紙面を見てみよう。ブランケット判で建てページは基本八ページ。一面は地ダネをトップに肩に共同配信記事がくることが多い。尖閣諸島近海への中国公船航行など第十一管区海上保安本部から発表があれば載せる。一面コラム「金波銀波」は、最近では月に一回程度、論説主幹の仲新城さんが書いている。二面はスポーツ面で共同配信と地ダネ。三面は総合面として共同の外信や内政ネタが占める。社説である「視点」も随時、掲載している。日曜付は、協定を結んでいる『宮古新報』の直近の記事を選んで転載する特集面となる。四面は「オピニオン」面で、『産経新聞』の社説やコラムなどをネット配信分からもってくる。五面は文化、芸能関連と政界やプロ野球の裏話など内外メディア通信社からの配信記事が多い。読者からの投稿があったら載せる。共同配信の経済ニュースも入る。下段には沖縄県内のコミュニティーFM十八局の番組表も掲載している。

六面は社会ネタ中心の総合面で共同配信に一部、地ダネ。七面は第二社会面で地ダネ中心、共同配信も入る。そして最終八面が第一社会面で基本、地ダネだ。「陸上自衛隊活動実績」という小さなコーナーが毎日あり、不発弾処理と緊急患者空輸の件数を簡単な記事と表を掲載している。実績のなかった日も表は出す。土日以外は「きょうの学校給食」のミニコーナーもある。石垣市立学校給食センター提供で、その日の給食の献立をイラスト付きで栄養価とともに紹介している。日曜付には地元作家の四コマ漫画「アフロくん」が載る。カラー面は一面と最終八面だ。テレビ番組の面はない。二〇一九（令和一）年八月で終了し、翌九月からは一週間分をまとめてタブロイド判で折り込んだ。二一（令和三）年十一月、それもやめた。テレビ番組や番組情報は専門の制作会社から配信してもらわないといけない。その契約を経費削減のために切ったのだった。

紙面の刷り出しは午前一時。だが、原稿の締め切りは午後十時だという。最近の新聞製作作業はデジタル化でかなり早くなった。刷り出しの一時間ぐらい前に出した原稿でも編集作業次第だが、間に合う。しかし、八重山日報社の場合、編集作業は那覇支局で行っているらしい。石垣市の本社で見出しやレイアウトなど指示して、画面上の作業は那覇の社員が行う。最終的に確定した紙面データを本社に送り、本社の印刷工場で刷り出す。そうしたやりとりに三時間必要なのだという。一九（令和一）年五月からのことらしい。石垣市の本社で作業できる社員がいなくなり、採用を募集しても沖縄本島での勤務希望者しか集まらなかったという。

社員は現在、その沖縄での編集作業の三人を含めて二十三人。取材記者は論説主幹の仲新城さんを含めて三人だが、那覇支局在籍の記者が応援で入っている。この記者四人のうち仲新城さん以外は本土出身らしい。外部からの視点で取材できる長所がありそうだが、本土出身だと地元に知り合いも少なく、親族もいない。身近な情報が入って来づらい点もあるらしい。二二（令和四）一月末、石垣市の中山市長が東海大学の調査船に乗って、尖閣諸島を洋上視察したことも視察後の市の発表で知ったようだ。取材記者が八人いるライバル紙『八重山毎日新聞』は市長視察の情報を事前につかみ、市長が乗船する写真も撮っていた。尖閣問題に力を入れている『八重山日報』としては痛い失態。視察後の市長会見などを詳しく報じたほか、YouTube の「八重チャンネル」には石垣市提供の洋上視察中の動画をアップした。

同チャンネルは、八重山日報社の関連会社で動画制作を含む広告代理業や印刷を行う会社・ノードプレス（宮良薫社長）が担当している。ＨＰには一日二本ほど当日紙面から早朝にアップする。尖閣諸島関連は常連だ。一面コラム「金波銀波」、社説「視点」もアップする。紙面の電子版は「SHIMBUN ON LINE」のほか、二〇二一（令和三）年七月からは自社のアプリも開始している。購読料はいずれも月二千円の設定。それぞれ約百五十件、約百件の契約があるという。資本金は一千万円の株式会社。年間売り上げは一億円余で、広告六割、販売で四割程度を占めるという。ライバル紙『八重山毎日』の五億円と比べると差はある。

リベラルと言われる『八重山毎日』と保守とされる『八重山日報』。二紙存在する意義は大きそうだが、編集責任者の仲新城さんは「地元の人が二紙必要と思ってくれるかにかかっている」と話す。「そうでなかったら、うちは消えるしかない」。そう悲観する仲新城さんに対し、『八重山毎日』で二十三年余、記者をして、現在、台湾在住の同紙通信員・松田良孝さん（五十三歳）は、「踏ん張ってもらいたいです」とエールを送る。『八重山毎日』だけしかない八重山というのは、不健全です」

社員数(記者)	発行部数	建て頁	月購読料	年間売上げ	備考
13人(3人)	1万5千部	2頁	1300円		島原市街地は夕刊配達
32人(11人)	9千部	6頁	2470円	2億1千万円	2版体制で印刷
10人(3人)	1万2千部	4頁	1200円	7～8千万円	
72人(20人)	3万9千部	12頁	2300円	8－9億円	資本は完全社員持株
43人(7人)	1万1千部	タブ判8頁	2160円	3億円	
6人(3人)	1千部	タブ判4頁	1950円	2千万	
61人(15人)	2万1千部	10頁	1888円	5億7千万円	記者15人中、9人女性
33人(12人)	8千部	10頁	1850円	2億円	
38人(11人)	1万5千部	10頁	1998円	4億5千万円	
22人(5人)	9千部	8頁	1998円	1億2千万円	
32人(8人)	1万2千部	10頁	1964円	5億円	台湾にも通信員
23人(4人)	6千部	8頁	1750円	1億円	

九州・沖縄の日刊地域紙の概要（2022年3月現在）

※部数は概数 「建て頁」に「タブ判」とあるのはタブロイド判 購読料は税込み

新聞社名（朝・夕刊）	住所	創刊年月	会社形態（資本金）	社長名
島原新聞（朝刊）	長崎県島原市中町	1899年8月	株式（1000万円）	清水 聖子
有明新報（朝刊）	福岡県大牟田市有明町1丁目	1967年10月	株式（2850万円）	大賀茂功
今日新聞（夕刊）	大分県別府市野口元町	1954年11月	個人	檀上陽一
夕刊デイリー（夕刊）	宮崎県延岡市大貫町2丁目	1963年10月	株式（9600万円）	松永和樹
日刊人吉新聞（夕刊）	熊本県人吉市西間下町	1958年9月	株式（1000万円）	石蔵尚之
南九州新聞（夕刊）	鹿児島県鹿屋市上谷町	1955年5月	有限（1800万円）	米永新人
南海日日新聞（朝刊）	鹿児島県奄美市名瀬長浜町	1946年11月	株式（2000万円）	村山三千夫
奄美新聞（朝刊）	鹿児島県奄美市名瀬港町	1959年7月	株式（1000万円）	永田裕
宮古毎日新聞（朝刊）	沖縄県宮古島市平良西里	1955年9月	株式（4050万円）	伊志嶺幹夫
宮古新報（朝刊）	沖縄県宮古島市平良西里	1968年8月	株式（900万円）	新城竜太
八重山毎日新聞（朝刊）	沖縄県石垣市登野城	1950年3月	株式（9800万円）	垣本徳一
八重山日報（朝刊）	沖縄県石垣市石垣	1977年6月	株式（1000万円）	宮良薫

おわりに――地域をもっと見て、訊いて――

九州・沖縄の日刊地域紙十二社を訪ねて、社長や幹部の皆さんと話しをするなかで、「新聞協会のように地域紙をまとめる組織があれば、情報交換や研さんもできるのに」という話に幾度もなった。すべての全国紙と地方紙（県紙）が加盟する日本新聞協会にも地域紙が二十二社入っているということは「はじめに」で紹介した。同協会加盟は地域紙にとってもメリットがあるだろうが、協会が取り組むさまざま事業は全国紙や地方紙を念頭に置いている。年に一回、スクープや優れた連載などを表彰する新聞協会賞は一九五七（昭和三十二）年から実施されているが、地域紙が受賞した例はない。地域紙にとって新聞協会はやはりちょっと敷居が高い気がする。『桐生タイムス』（群馬県桐生市）は二〇二一（令和三）年度に脱会している。残っている二十二の地域紙のうち十二社で全国郷土紙連合を結成している。九州・沖縄からは南海日日新聞社と宮古毎日新聞社、八重山毎日新聞社が加盟。十二社が連携することで広告の獲得に結びつけるとともに記事交換などで編集紙面の向上も狙っている。年に一回総会も開く。二〇一七（平成二十九）年からHPも立ち上げており、十二紙のHPから記事を集めている。もう少し加盟社を増やすつもりはないのだろうか。会長の星匠・釧路新聞社社長は「今のところ、積極的な動きはないです」と語った。

新聞協会加盟非加盟を問わず、多くの地域紙が参集できる日本地域紙協議会は二〇〇四（平成十六）年にできている。現在の会長は市民タイムスの新保力《しんぽちから》社長で、事務局は同社総務部が担っている。三輪幸太郎総務部長は「緩やかな任意団体で会費も徴収していず、会員は確定していない」という。年に一回、全国各地、持ち回りで開催する新聞協会の定期大会前日に協会加盟の地域紙と、開催地の地域紙が集まって会合はもつらしい。ふだん会員として声をかける地域紙は日頃から連絡のある一部に過ぎないようで、「二十数社でしょうか」と三輪さん。協議会は、「はじめに」で触れた島根日日新聞社・前社主の菊地幸介さん（一九四九年生）が全国の地域紙を閲覧できる日本地域新聞図書館を同〇四年に開設した際に、同図書館に郵送などで寄せてくれていた地域紙（最盛期は約百四十紙）をメンバーとみていた。積極的な一部の地域紙からは当初、会費を徴収し、会合も持ったらしいが、そのうち任意の集まりとなったようだ。図書館は東京・日比谷公園内の市政会館に開設され、一六（平成二十八）年に東京・西新橋のビル内に移転。そこも二〇（令和二）年に閉じる。菊地さんの思いを引き継いだのが文化通信社（東京都千代田区）だった。

「ふるさと新聞アワード」

日本の新聞、出版業界の専門紙「文化通信」を発行する同社が、入り口脇の一室に書棚を設け、「ふるさと新聞ライブラリー」を同年六月にオープンさせた。閲覧は週に三日、三百円。ビルの三階にあるため勝手は良くないが、全国の地域紙約八十紙が週一回などまとめて送ってくれ、その新聞を陳列、一堂に会している。同社は「ライブラリー」開設を機に地域紙のまとめ役的な務めを果たし始め、「ふるさと新聞アワード」を創設する。新聞協会賞のいわば地域紙版で、二二（令和三）年十一月、第一回の表彰式を行った。全国の地域紙二十社から約二百本の記事が寄せられ、審査の結果、グランプリに『苫小牧民報』（北海道苫小牧市）の「アイヌの丸木舟55年ぶりに発見　弁天の海岸に2隻」が選ばれた。同紙の第三社会面に毎日「落とし物」コーナーがあり、記者が苫小牧署の落とし物記録簿を書き写して、記事にする。そのなかに丸木舟があり、関心を持った記者が調べたところアイヌ民族の貴重な文化財だったことがわかったという記事だった。地域をこまめに見て回る、歩き回る地域紙記者ならではのニュースだった。「アワード」は、グランプリのほか、「もの」部門、「こと」部門、「ひと」部門でそれぞれ最優秀賞（一点）、優秀賞（三点）も表彰した。「ふるさと新聞アワード」は今後も年に一回、実施するらしい。応募する社が増えれば、さらに多くの地域紙の記者にとって励みになるだろう。

ネット時代。紙の部数は、全国紙、地方紙、地域紙ともにそれぞれ規模に応じた減少を続けている。それでも全国紙より地方紙、地方紙より地域紙の方が生き残れる。そういった声は今回、十二紙の方々から一様に聞かれた。『八重山毎日新聞』の台湾通信員・松田良孝さんは地域紙の存在意義を「地域のニュースを堂々と一面トップに掲げることができること」という。「東京や中央の動きに流されないこと、地元には地元の論理があるということを堂々と言ってのけられるということです」。「活字の文化は消えない」と断言するのは、記者から社長となり、引退後は全国の地域紙のまとめ役を買って出た菊地さん。デジタル化した記事は操作される懸念もつきまとう。

「紙は校倉作りの正倉院のように残る」というのだ。ただ、地域紙のこれまでを見てきて、「大衆化して、広告をたくさんとって増ページしてきた。昔に戻って、広告がなくても、ページ数が減っても、質の高い新聞は残る。記録になる」。地域紙を立ち上げた多くの人は記者として、地域に伝えたい記事を書いて発行した。その創刊者の思いが原点なのだろう。

ネット時代、海外のニュース、全国のニュースはすぐ手元のスマホやタブレット、ＰＣで探れる。中央のスポーツニュースも同じだ。地方紙（県紙）も同じだが、そうしたニュースの配信を通信社から受けて掲載するために契約料を払うより、紙面をスリムにして、自社の記者たちが書いた記事、地ダネだけで新聞を作る。その原点に返る準備を始めてもいいころかもしれない。記者たちは今以上に地域を見て、聞いて回ることが求められることになるだろうが、時代がそれを求めているはずだ。

連携してポータルサイトを

紙は一覧性があり、紙面という制約下での編集の妙、そして紙が朽ちない限り記録として残る。一定の部数は今後も維持できるだろう。でも、やはりだれでもアプローチできるインターネットの活用も探らざるを得ない。地域紙各社もＨＰからの記事や紙面の電子化などで有料化の方策を採り始めている。ネットの世界こそ、通信社などからの借り物ではない、自社独自のコンテンツで勝負することになる。しかし、インターネットの際限のない大海原で、その自社コンテンツに目を向けてもらうことは容易ではない。ネット配信こそ地域紙同士が連携した方がいいのかもしれない。文化通信社は二〇二二（令和四）年から、地域紙向けのデジタル報道講座「グーグル・ニュース・ラボ」を開いている。グーグルの報道支援の取り組み「グーグル・ニュース・イニシアティブ」が提供する講座らしい。

同年七月にはその取り組みの一環として「ともに考える地域紙の未来」をテーマにオンラインセミナーを開いた。講師は、あやべ市民新聞社（京都府綾部市）の平田佳宏経営企画室長。長く電通に勤め、今や有料会員（月三百八十五円）が百万人に近いとされる全国のラジオ放送局のネット配信ポータルサイト・radiko（ラジコ）立ち上げに関わったらしい。「地域紙版のラジコをつくれたら面白い」という。中高年と高齢者からなる地域紙の購読層は十五年後にはいなくなる。そうなる前に紙の購読料にプラス料金で子や孫がオンラインで地域紙のネットニュースを見ることができるサービスを提供して、地域紙になじんでもらう。そのためのコンテンツは、移住や自然との共生、生きる力を持った興味深い人物紹介など「若者の生き方の選択を手助けする」地域に密着した情報が重要だと話した。「田舎に都会を求めるから無理がある。田舎の良さ、地方の良さを本気で発信する」。そんな日本各地の地域紙のネットニュースをみることができるポータルサイト。確かに面白いかもしれない。

あやべ市民新聞社は、同日を含めて三回、近隣の四地域紙とともに地域紙の今後を考える勉強会を開いたらしい。九州・沖縄の日刊地域紙十二社も集まりを持てたらいい。半分は奄美、宮古、八重山の離島の六社というのも、違いの楽しさを互いに知り、展望につながる機会となるだろう。

謝辞

南日本新聞社から縁あって鹿児島大学法文学部に九年間在籍させてもらった。この機に、全国の地域紙の実態を調べてまとめてみたいと思ったが、諸々他のことにかまけ、定年間際になって、せめて九州・沖縄の日刊紙だけでもまとめようと決めた。幸い、学部の研究予算をいただくことができ、二〇二二年三月末の定年を挟んでようよう出版にこぎつけた。松田忠大学部長、そして関係各位のご理解、ご協力なしには実現しなかった。この場を借りて深く感謝を申し上げます。ありがとうございました。

【参考文献】

日本新聞協会『日本新聞年鑑２０２２』（日本新聞協会、２０２１）
日本新聞協会『１９５８年版　日本新聞年鑑』（電通、１９５８）
日本新聞協会『１９５７年版　日本新聞年鑑』（電通、１９５７）
菊地幸介『日本地域新聞ガイド　２０１８―２０１９年版』（日本地域新聞図書館、２０１８）
四方洋『新聞のある町　地域ジャーナリズムの研究』（清水弘文堂書房、２０１５）
鈴木広・編『災害都市の研究　島原市と普賢岳』（九州大学出版会、１９９８）
林銑吉・編『島原半嶋史（上）（中）（下）』（長崎県南高来郡市教育会、１９５４）
大分県総務部総務課・編『大分県史　現代篇Ⅱ』（大分県、１９９１）
別府市教育會『別府市誌』（別府市教育會、１９３３）
日本経営史研究所『旭化成八十年史』（旭化成、２００２）
日本経営史研究所『旭化成八十年史　資料編』（旭化成、２００２）
川原一之『口伝　亜砒焼き谷』（岩波書店、１９８０）
田中哲也『鉱毒・土呂久事件』（三省堂、１９８１）
伊勢戸明『くま春秋　人吉・球磨を見つめつづけて』（人吉中央出版社、２０１３）
フクニチＯＢ会・編『光芒！フクニチ新聞』（葦書房、１９９６）
中島直人「戦後復興期における都市計画学徒・米永代一郎の活動と思考」、『都市計画論文集』２０２１年５６巻３号（日本都市計画学会、２０２１）
南日本新聞社鹿児島大百科事典編纂室『鹿児島大百科事典』（南日本新聞社、１９７１）

南海日日新聞五十年史編纂委員会『南海日日五十年史』（南海日日新聞社、１９９７）
改訂名瀬市誌編纂委員会『改訂名瀬市誌１巻　歴史編』（名瀬市役所、１９９６）
改訂名瀬市誌編纂委員会『改訂名瀬市誌２巻　歴史編』（名瀬市役所、１９９６）
南日本新聞社『南日本新聞の百二十年』（南日本新聞社、２００１）
中村安太郎『祖国への道』（図書出版文理閣、１９８４）
村山家國『新訂　奄美復帰史』（南海日日新聞社、２００６）
「徳之島の闘い」編纂委員会『米軍普天間飛行場移設「徳之島の闘い」』（南海日日新聞社、２０１０）
笠利町誌執筆委員会『笠利町誌』（笠利町、１９７３）
重信健二郎『奄美の人々（関東編）』（全日興信所、１９７４）
登山俊彦伝記刊行委員会『登山俊彦』（登山俊彦伝記刊行委員会、１９７１）
原井一郎『奄美の四季』（農村漁村文化協会、１９８８）
宮古毎日新聞創刊五十年史編纂委員会『宮古毎日新聞五十年史』（宮古毎日新聞社、２００７）
宮古毎日新聞創刊六十年史編集委員会『宮古毎日新聞六十年史』（宮古毎日新聞社、２０１７）
八重山毎日新聞五十年史刊行委員会『八重山毎日新聞五十年史』（八重山毎日新聞社、２０００）
八重山毎日新聞七十年史編集委員会『八重山毎日新聞七十年史』（八重山毎日新聞社、２０２０）
仲新城誠『偏向の沖縄で「第三の新聞」を発行する』（産経新聞出版、２０１７）
沖縄大百科事典刊行事務局『沖縄大百科事典　上巻、中巻、下巻』（沖縄タイムス社、１９８３）
マーティン・ファクラー『「本当のこと」を伝えない日本の新聞』（双葉社、２０１２）